사주명리학의 모든 것

사주명리학의 모든 것

발행일	2017년 9월 20일		
지은이	양 필 선		
펴낸이	손 형 국		
펴낸곳	(주)북랩		
편집인	선 일 영	편집	이종무, 권혁신, 송재병, 최예은
디자인	이현수, 이정아, 김민하, 한수희	제작	박기성, 황동현, 구성우
마케팅	김회란, 박진관, 김한결		
출판등록	2004. 12. 1(제2012-000051호)		
주소	서울시 금천구 가산디지털 1로 168, 우림라이온스밸리 B동 B113, 114호		
홈페이지	www.book.co.kr		
전화번호	(02)2026-5777	팩스	(02)2026-5747

ISBN   979-11-5987-765-0 03180(종이책)   979-11-5987-766-7 05180(전자책)

이 도서의 국립중앙도서관 출판예정도서목록(CIP)은 서지정보유통지원시스템 홈페이지(http://seoji.nl.go.kr)와 국가자료공동목록시스템(http://www.nl.go.kr/kolisnet)에서 이용하실 수 있습니다. (CIP제어번호 : CIP2017024042)

(주)북랩 성공출판의 파트너
북랩 홈페이지와 패밀리 사이트에서 다양한 출판 솔루션을 만나 보세요!
홈페이지 book.co.kr • **블로그** blog.naver.com/essaybook • **원고모집** book@book.co.kr

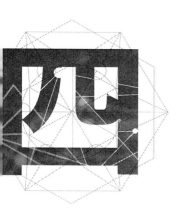

초보자도 쉽게 자신의 미래를 예측하여 지혜롭게 대비하는 **인생 지침서**

사주명리학의 모든 것

양필선 지음

북랩 book Lab

머리말

易은 '바꿀 역'으로 인생을 바꿀 수 있다는 뜻도 되겠다. 바로 알면 우리의 삶을 바꿀 수 있다는 이야기가 되겠다.

하여 여기에 역술의 모든 것을 걸었다. 동양철학이라고 하는 것을 쉽게 풀어볼 수 있는 순서대로, 아니 천기를 누설하는 과정이 될 수 있도록 길을 열어 보고자 한다.

사람의 앞날은 알 수 없지만 사람에게는 누구나 이 '감·식·촉'이라는 것이 있어, 심오하게 생각하므로 느껴지는 촉이라는 것이 있다. 역이란 모르고 가기보다 미리 보고 쉽게 갈 수 있는 길이 있는 학문으로 여겨져 왔다. 이것을 배우면 자신을 볼 수 있고 길이 보이기에 모든 이가 배울 수 있도록 순리대로 나열했다.

수십 년간 경험을 바탕으로 역술이라는 학문의 깊이를 밝히고자 정리해 왔다. 그간의 연구를 바탕으로 누구나 쉽게 접근할 수 있는 순서대로 적어 본다.

역리학(易理學)은 천지자연(天地自然)의 현상이나 인간의 운명이 일정불변(一定不變)의 상태를 지속하는 것이 아니며 항상 유동하여 바뀐다고 보고 이 원리를 설명하는 것이다.

여기서 우리가 하고자 하는 것은 역의 학문적 원리나 사상을 분석함이 아니다. 오직 인간 운명의 길흉을 역의 이치에 결부시켜서 연구하고자 하는 것이다.

마지막으로 이 책이 나오기까지 많은 도움을 주신 이병일 님, 성공도님께 감사의 말을 전한다.

2017년 9월

양필선

목차

제2장 사주를 정하는 법

제3장 육신(六神)　　　　　　　　　　　　　　　63

제4장 용신(用神)과 격국론(格局論)　　　　　79

제5장 오행, 육신에 의한 성격 판단　　　　　　　　109

제1장

사주명리학의 기본

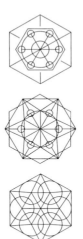

1. 육갑법(六甲法)

육갑법(六甲法)은 육십갑자(六十甲子)를 말하는 것이며 역 원리의 기본이 되는 것이다.

2. 천간(天干)과 지지(地支)[십간(十干)과 십이지(十二支)]

1) 천간(天干)

갑(甲), 을(乙), 병(丙), 정(丁), 무(戊), 기(己), 경(庚), 신(辛), 임(壬), 계(癸)

2) 지지(地支)

자(子), 축(丑), 인(寅), 묘(卯), 진(辰), 사(巳), 오(午), 미(未), 신(申), 유(酉), 술(戌), 해(亥)

자 子	축 丑	인 寅	묘 卯	진 辰	사 巳	오 午	미 未	신 申	유 酉	술 戌	해 亥
쥐	소	범	토끼	용	뱀	말	양	원숭이	닭	개	돼지

3. 천간(天干) 지지(地支)의 음양(陰陽)

1) 천간음양(天干陰陽)

- 양(陽): 갑(甲), 병(丙), 무(戊), 경(庚), 임(壬), 양간(陽干)
- 음(陰): 을(乙), 정(丁), 기(己), 신(辛), 계(癸), 음간(陰干)

2) 지지음양(地支陰陽)

- 양(陽): 자(子), 인(寅), 진(辰), 오(午), 신(申), 술(戌), 양지(陽支)
- 음(陰): 축(丑), 묘(卯), 사(巳), 미(未), 유(酉), 해(亥), 음지(陰支)

4. 육십갑자(六十甲子)

육십갑자(六十甲子)는 천간(十干)과 십이지(十二支)가, 양간(陽干)은 양지(陽支)끼리, 음간(陰干)은 음지(陰地)끼리 만나서 이루어지는데 모두 육십 가지가 되므로 육십갑자(六十甲子)라 한다.

甲子	乙丑	丙寅	丁卯	戊辰	己巳	庚午	辛未	壬申	癸酉
甲戌	乙亥	丙子	丁丑	戊寅	己卯	庚辰	辛巳	壬午	癸未
甲申	乙酉	丙戌	丁亥	戊子	己丑	庚寅	辛卯	壬辰	癸巳
甲午	乙未	丙申	丁酉	戊戌	己亥	庚子	辛丑	壬寅	癸卯
甲辰	乙巳	丙午	丁未	戊申	己酉	庚戌	辛亥	壬子	癸丑
甲寅	乙卯	丙辰	丁巳	戊午	己未	庚申	辛酉	壬戌	癸亥

5. 간지(干支)의 오행(五行)

1) 오행(五行)

목(木), 화(火), 토(土), 금(金), 수(水)

2) 천간(天干)[1]

갑을(甲乙)=목(木)

---

1 십간(十干)이라고도 한다.

병정(丙丁)=화(火)

무기(戊己)=토(土)

경신(庚辛)=금(金)

임계(壬癸)=수(水)

3) 지지(地支)[2]

인묘(寅卯)=목(木)

사오(巳午)=화(火)

진술축미(辰戌丑未)=토(土)

신유(申酉)=금(金)

해자(亥子)=수(水)

6. 오행(五行)의 질(質)

甲	乙	丙	丁	戊	己	庚	辛	壬	癸
대림목	초목	태양 불	촛불	성, 담 토지	전원토	강금검 봉금	주옥, 보석	대해수, 바닷물	빗물, 계곡물

---

2 십이지(十二支)라고도 한다.

7. 간지(干支)의 수(數)

1) 선천수(先天數)

갑기자오(甲己子午)=구(九)
을경축미(乙庚丑未)=팔(八)
병신인신(丙辛寅申)=칠(七)
정임묘유(丁壬卯酉)=육(六)
무계진술(戊癸辰戌)=오(五)
사해(巳亥)=사(四)

2) 후천수(後天數)

갑인(甲寅)=삼(三)
을묘(乙卯)=팔(八)
병오(丙午)=칠(七)
정사(丁巳)=이(二)
무진술(戊辰戌)=오(五)
축미(丑未)=십(十)
기(己)=백(百)

경신(庚申)=구(九)
신유(辛酉)=사(四)

임자(壬子)=일(一)

계해(癸亥)=육(六)

일육(一六)=수(水)

이칠(二七)=화(火)

삼팔(三八)=목(木)

사구(四九)=금(金)

오십(五十)=토(土)

8. 간지(干支)의 방각(方刻)과 색(色)

갑을(甲乙), 인묘(寅卯)=목(木)=동(東)

병정(丙丁), 사오(巳午)=화(火)=남(南)

경신(庚辛), 신유(申酉)=금(金)=서(西)

임계(壬癸), 해자(亥子)=수(水)=북(北)

무기(戊己), 진술축미(辰戌丑未)=토(土)=중앙(中央)

9. 오행(五行)의 색(色)

목(木)=청색(靑色)

화(火)=적색(赤色)

토(土)=황색(黃色)

금(金)=백색(白色)

수(水)=흑색(黑色)

10. 간지(干支)의 사절(死節)과 왕쇠(旺衰)

干支	甲乙 寅卯	丙丁 巳午	庚辛 申酉	壬癸 亥子	戊己辰戌丑未
四季節	春	夏	秋	冬	四季
旺	正 二 三	四 五 六	七 八 九	十 十一 十二	三 六 九 十二
生	十 十一	正 二 三	三六九 十一	七 八	四五
衰	四五六七八九 十二	七八九十 十一 十二	正二四五十 十一	正二三四五六 九	正二七八十 十一

11. 오행(五行)의 상생(相生)과 상극(相剋)

오행(五行)에는 서로 화친하는 것과 배척하는 것이 있다. 이 두 가지를 각각 생(生), 극(剋)이라고 한다.

상생(相生)	상극(相剋)
목생화(木生火)	목극토(木剋土)
화생토(火生土)	토극수(土剋水)
토생금(土生金)	수극화(水剋火)
금생수(金生水)	화극금(火剋金)
수생목(水生木)	금극목(金剋木)

12. 오행(五行)의 속궁(屬宮)과 성질(性質)

五行	方刻	季節	一日中	氣	色	性質
木	東	春	朝	生氣	靑	仁
火	南	夏	晝	旺氣	赤	禮
土	中央	四季	日中央	遁	黃	信
金	西	秋	夕	肅殺地氣	白	義
水	北	冬	夜	死氣	黑	智

1) 오행(五行)의 오장(五臟)

목(木): 간장(肝腸), 간담(肝膽), 정신(精神)
화(火): 심장(心腸), 소장(小腸), 안목(眼目)
토(土): 위장(胃腸), 비장(脾臟), 피부(皮膚)
금(金): 폐장(肺臟), 대장(大腸), 사지(四肢)
수(水): 신장(腎臟), 방광(膀胱), 혈액(血液)

2) 오행(五行)의 오기(五氣)

목(木): 바람 풍(風)
화(火): 더울 열(熱)
토(土): 젖을 습(濕)
금(金): 말릴 조(燥)
수(水): 찰 한(寒)

3) 오행(五行)의 오미(五味)

목(木): 짜다[실 산(酸)]
화(火): 쓰다[쓸 고(苦)]
토(土): 달다[달 감(甘)]
금(金): 맵다[매울 신(辛)]
수(水): 짜다[짤 함(鹹)]

13. 간지(干支)의 합(合)과 충(沖)

간지(干支)에는 서로 화친하여 합하는 것이 있고 서로 배척하여 충하는 것이 있다.

1) 천간합(天干合)

갑기합(甲己合)=토(土)
을경합(乙庚合)=금(金)
병신합(丙辛合)=수(水)
정임합(丁壬合)=목(木)
무계합(戊癸合)=화(火)

2) 천간충(天干沖)

갑경충(甲庚沖)
을신충(乙辛沖)
병임충(丙壬沖)
정계충(丁癸沖)
무갑충(戊甲沖)
기계충(己癸沖)
기을충(己乙沖)

경병충(庚丙冲)

신정충(辛丁冲)

임무충(壬戊冲)

3) 지지육합(地支六合)

자축합(子丑合)＝토(土)

인해합(寅亥合)＝목(木)

묘술합(卯戌合)＝화(火)

진유합(辰酉合)＝금(金)

사신합(巳申合)＝수(水)

오미합(午未合)＝무(無)

4) 지지삼합(地支三合)

인오술합(寅午戌合)＝화(火)

신자진합(申子辰合)＝수(水)

사유축합(巳酉丑合)＝금(金)

해묘미하(亥卯未合)＝목(木)

5) 지지삼합은 반(半)합도 된다

인오합(寅午合)＝화(火)

인술합(寅戌合)=화(火)

오술합(午戌合)=화(火)

6) 지지방국(地支方局)

사오미(巳午未)=화국(火局)

인묘진(寅卯辰)=목국(木局)

신유술(申酉戌)=금국(金局)

해자축(亥子丑)=수국(水局)

7) 지지충(地支冲)

지지충은 지합(支合)의 반대 의미로서 병고(病苦), 상처(喪妻), 별처(別妻), 파가(破家), 소송(訴訟), 구설수(口舌數) 등 주로 흉상(兇象)을 나타내는 불길한 작용을 하는 것이다. 그러나 충(冲)함으로 도리어 크게 발전하는 경우도 있다.

자오(子午)=충(冲)

축미(丑未)=충(冲)

인신(寅申)=충(冲)

묘유(卯酉)=충(冲)

사해(巳亥)=충(冲)

진술(辰戌)=충(冲)

14. 월간지(月干支)의 절후표(節侯表)

사주를 정하는 데 필요한 매 월의 간지와 절기를 말함인데, 간지에서 어느 해는 무슨 달인가, 매 월의 절기는 무엇인가를 다음의 표로 표시한다.

월간지(月干支) 절후표(節侯表)

月	正	二	三	四	五	六	七	八	九	十	十一	十二
節	立春	驚蟄	淸明	立夏	芒種	小暑	立秋	白露	寒露	立冬	大雪	小寒
甲己	丙寅	丁卯	戊辰	己巳	庚午	辛未	壬申	癸酉	甲戌	乙亥	丙子	丁丑
乙庚	戊	己	庚	辛	壬	癸	甲	乙	丙	丁	戊	己
丙申	庚	辛	壬	癸	甲	乙	丙	丁	戊	庚	辛	壬
丁壬	壬	癸	甲	乙	丙	丁	戊	己	庚	辛	壬	癸
戊癸	甲	乙	丙	丁	戊	己	庚	辛	壬	癸	甲	乙

간지(干支)의 시간표(時間表)

子時	오후 11시부터	오전 1시까지
丑時	오전 1시부터	오전 3시까지
寅時	오전 3시부터	오전 5시까지
卯時	오전 5시부터	오전 7시까지
辰時	오전 7시부터	오전 9시까지
巳時	오전 9시부터	오전 11시까지
午時	오전 11시부터	오후 1시까지
未時	오후 1시부터	오후 3시까지
申時	오후 3시부터	오후 5시까지
酉時	오후 5시부터	오후 7시까지
戌時	오후 7시부터	오후 9시까지
亥時	오후 9시부터	오후 11시까지

정시(正時) 조견표(早見表)

時 (시) 日干	子	丑	寅	卯	辰	巳	午	未	申	酉	戌	亥
甲己	甲子	乙丑	丙	丁	戊	己	庚	辛	壬	癸	甲	乙
乙庚	丙	丁	戊	己	庚	辛	壬	癸	甲	乙	丙	丁
丙辛	戊	己	庚	辛	壬	癸	甲	乙	丙	丁	戊	己
丁壬	庚	辛	壬	癸	甲	乙	丙	丁	戊	己	庚	辛
戊癸	壬	癸	甲	乙	丙	丁	戊	己	庚	辛	壬	癸

일간(日干)이 갑(甲)이나 기(己)가 되면 갑자시(甲子時)가 되며 축시(丑時)면
을축시(乙丑時)가 된다는 것이다.

사주명리학의 모든 것

사주를 정하는 법

1. 사주(四柱)를 정하는 법

생년(生年), 생월(生月), 생일(生日), 생시(生時)의 네 기둥을 사주(四柱)라고 한다. 또한 간지(干支)의 네 기둥의 여덟 자를 사주팔자(四柱八字)라고 하며 각 주는 다음과 같이 정한다.

1) 연주(年柱) 정하는 법

태어난 해의 태세(太歲)가 무슨 해인가를 알아서 갑자년(甲子年)이면 갑자(甲子), 병오년(丙午年)이면 병오(丙午)로 정하는데, 간지는 입춘(立春)을 기준으로 한다.

갑자년(甲子年) 12월 27일 생(生)일 경우 입춘(立春)이 갑자년(甲子年) 12월 25일에 들었으면 갑자생(甲子生)이 아니고 을축생(乙丑生)이 되며 을축년(乙丑年) 정월(正月) 5일 생(生)일 경우 입춘(立春)이 을축년(乙丑年) 정월(正月) 7일에 들었으면 을축생(乙丑生)이 아니고 갑자생(甲子生)이 되는 것이다.

2) 월주(月柱) 정하는 법

생월(生月)의 간지(干支)는 절기(節氣)를 기준하여 정하는데 생월(生月)이 2월이라도 2월 절기(節氣)인 경칩(驚蟄)이 들기 전이면 정월(正月)의 간지를 월주(月柱)로 정하고 2월에 출생했어도 3월 절기(節氣)인 청명(淸明)이 지나서 출생을 하면 3월의 간지를 월주(月柱)로 정한다.

3) 일주(日柱) 정하는 법

일주(日柱)를 정하는 것은 생일(生日)의 일진(日眞)을 간지(干支)로 정하는데 밤 열두시가 지나면 그다음 날로 정하고 12시 전까지만 그날로 한다[밤 11시에서 12시까지를 '야자시(夜子時)'라고 하고 12시에서 새벽 1시까지를 '주자시(晝子時)'라고 한다].

4) 시주(時柱) 정하는 법

시주(時柱)는 출생(出生)한 시간으로 시주(時柱)를 정하는데 전술한 바와 있는 도시법(道時法)과 시각표(時刻表)를 참조하고 자세한 설명을 참고 바란다.

5) 대운(大運) 정하는 법

대운(大運)은 사주(四柱)의 기국에 의한 운명(運命)이 언제, 어떻게 운영되는가의 작용을 정하는 법이다. 사주(四柱)는 대운(大運)의 길운(吉運)을 만나야 길해지는데 이 대운을 정하는 법은 생월의 간지를 기준으로 한다. 연간(年干)이 양(陽)인 남자(男子)와 연간(年干)이 음(陰)인 여자(女子)는 순행(巡行)하고, 연간(年干)이 음(陰)인 남자(男子)와 연간(年干)이 양(陽)인 여자(女子)는 역행(逆行)한다.
순행인 경우는 을묘(乙卯) 다음이 병진(丙辰)이 되니 병진(丙辰), 정사(丁巳), 무오(戊午), 기미(己未), 경신(庚申) 순으로 나간다. 역행은 을묘(乙卯)

전이 갑인(甲寅)이므로 갑인(甲寅), 계축(癸丑), 임자(壬子), 신해(辛亥) 순으로 나간다. 이것을 적는 법은 다음과 같다.

時 日 月 年
乙 甲 乙 癸
亥 寅 卯 卯

순행(巡行)은
庚 己 戊 丁 丙
申 未 午 巳 辰

역행(逆行)은
庚 辛 壬 癸 甲
戌 亥 子 丑 寅

이렇게 역으로 적어 나가고 순행일 때 숫자는 생일날부터 그다음 달의 절입(節入)일까지 숫자를 세어서 삼분하여 나온 숫자를 적는 것이다. 역행일 때는 생일날부터 그달의 절입(節入)일을 계산하여 삼분한 숫자를 쓴다. 계산하기 어려우면 만세력에 나와 있는 숫자를 쓰면 된다.

(★ 3으로 나누어 1이 남으면 1을 빼고 2가 남으면 1을 더하여 쓴다.)

2. 제합충(諸合冲)과 성살(星殺) 작용

1) 간합(干合)의 작용

2) 갑기합(甲己合)=정중지합(正中之合)

남과 타협을 잘하며 모든 사람의 존경을 받으며 자기의 직분을 잘 지킨다. 갑(甲)일 생으로 기(己)의 합이 있는 사람 가운데 간혹 의리는 있으나 지능이 발달하지 못한 사람이 있다.

3) 을경합(乙庚合)=인의지합(仁義之合)

성격이 굳세고 용감하며 의리심이 많다. 만일 사주에 편관이 있으면 용감해도 천하거나 무모하다.

4) 병신합(丙辛合)=위엄지합(威嚴之合)

겉으로 보기에는 위엄이 있어 보이나 냉정하고 비굴하다. 사주에 일간이 병(丙)이고 신(辛)과 합한 자는 지혜가 있고 꾀를 잘 쓰며, 일간이 신(辛)이고 병(丙)과 합한 자는 몸집도 적고 포부도 적어서 큰일을 하기 힘들다.

5) 정임합(丁壬合)=인수지합(人壽之合)

감정적이고 질투심이 많으며 호색(好色)가로서 사주(四柱)에 도화(桃花)가 있으면 음란(淫亂)하여 폐가한다[도화(桃花)=자오 묘유].

6) 무계합(戊癸合)=무정지합(無情之合)

남녀 간에 용모가 아름답고 총명하지만 성질이 박정하여 남과 화합(和合)이 잘 안 되며 남자(男子)는 결혼 운이 좋지 않다. 결혼을 못하는 경우도 있다.

7) 지지충(地支沖)의 작용

- 일지(日支)와 시지(時支)가 충(沖)하면 처자(妻子)를 극(剋)하거나 자식(子息)과 화목하지 못하다.
- 월지(月支)를 다른 지(支)가 충(沖)하면 부모와 별거한다.
- 월지(月支)와 일지(日支), 시지(時支)와 연지(年支)가 서로 충(沖)하면 종신병에 걸리기 쉽거나 성질이 흉악하다.
- 일지(日支)와 연지(年支)가 충(沖)하면 부모에게 불효한다.
- 흉성(凶星)이 공망(空亡)되었을 때 공망을 충(沖)하면 더욱 흉해지고 길성(吉星)이 공망일 때 충(沖)하면 도리어 길하다.

- 자오충(子午冲): 일신이 편하지 않음
- 축미충(丑未冲): 일에 막힘이 많음
- 인신충(寅申冲): 애정이 많아 다정다감함
- 묘유충(卯酉冲): 근심 걱정이 많고 친우 간에도 우애가 없음

- 여자(女子) 사주에 간합(干合)이 있고 일지(日支)가 충(冲)하면 평생에 고생이 많다. 또는 부부 간에 불화가 많다.
- 여자(女子) 사주 중 일지(日支)와 시지(時支)에 진술충(辰戌冲)이 있으면 고독하며 가정운이 불길하다.

3. 형살(刑殺)의 작용법[3] ★

형살은 극해, 배반, 감금, 충돌, 고독, 이별 등의 흉살을 말한다.

1) 지세지형(持勢之刑)

인사신(寅巳申)=인사(寅巳), 인신(寅申), 사신(巳申)
자기세력 다툼으로 일에 좌절됨이 많다.

---

3 삼형살(三刑殺)이라고도 한다.

2) 무은지형(無恩之刑)

축술미(丑戌未)= 축미(丑未), 축술(丑戌), 술미(戌未)
은혜를 망각하고 배반하여 적으로 대하는 수가 많다.

3) 무례지형(無禮之刑)

자묘(子卯)= 자묘(子卯), 묘자(卯子)
예의를 망각하고 성질이 냉혹하여 어른을 공경할 줄 모르고 아랫사람
과도 화합이 안 되며 처자 간에도 화목하지 못하다.

4) 자형(自刑)

진진(辰辰), 오오(午午), 유유(酉酉), 해해(亥亥)
성질이 명랑하지 못하고 사절(死絶) 등의 흉성이 있으며 불구자가 되기
쉽다. 또한 이 자형(自刑) 이 있으면 자손이 병약하다.

4. 신살론

1) 파살(破殺)

파산한다는 흉살이며 다음과 같다.

자유파(子酉破), 인해파(寅亥破), 축진파(丑辰破), 술미파(戌未破), 오묘파(午卯破), 사신파(巳申破)

월(月)과 일(日)의 파살(破殺)은 부부 궁이 나쁘다. 또는 이지(二支)를 파하면 일신이 고단하고 처가의 연이 박하다.
월(月)을 파(破)하면 주거와 직업에 변동이 많다.
년(年)을 파(破)하면 부모와 일찍 이별한다.
시(時)를 파(破)하면 말년에 불행하다.

2) 육해살(六害殺)

육해(六害)는 극해(尅害)하는 것인데 다음과 같다.

자미해(子未害), 축오해(丑午害), 인사해(寅巳害), 묘진해(卯辰害), 신해해(申亥害), 유술해(酉戌害)

- 일(日)과 시(時)에 해(害)가 있으면 노년에 이르러 잔병이 많다.
- 월(月)에 해(害)가 있으면 고독박명하다. 특히 여자(女子)는 그 암시가 크다.
- 인(寅)과 사(巳)의 해(害)는 이중으로 있으면 불구, 폐질이 될 수 있다.
- 유일(酉日) 술시(戌時) 생(生)은 귀머거리 또는 벙어리가 되는 수가 많다.

3) 원진살(元嗔殺)

원진살(元嗔殺)이란 원수가 된다는 흉성인데 별 이유 없이 보기 싫어짐을 말한다.

자미(子未), 축오(丑午), 인유(寅酉), 묘신(卯申), 진해(辰亥), 사술(巳戌)

4) 혈인살(血刃殺)

혈인살이란 몸이 아파 대수술을 하거나 건강이 좋지 않음을 말하고 건강과 교통사고 등을 조심해야 하며 다음과 같다.

자술(子戌), 축유(丑酉), 인신(寅申), 묘미(卯未), 진오(辰午), 사사(巳巳)

사주명리학의 모든 것

5) 백호관살(白虎關殺)

백호관살(白虎關殺)은 핏빛을 본다는 흉성이므로 교통사고 대수술을 말한다. 건강이나 일상생활의 모든 면에서 주의를 요한다.

자신(子申), 축유(丑酉), 인술(寅戌), 묘해(卯亥), 진자(辰子), 사축(巳丑)

6) 조객살(弔客殺)

조객살(弔客殺)은 집안에 우환이 있거나 재수가 없다는 흉살이다.

자술(子戌), 축해(丑亥), 인자(寅子), 묘축(卯丑), 진인(辰寅), 사묘(巳卯)

7) 상문살(喪門殺)

상문살(喪門殺)은 집안에 상을 당하거나 우환이 있으며 재수가 없다는 흉살이다.

자인(子寅), 축묘(丑卯), 인진(寅辰), 묘사(卯巳), 진오(辰午), 사미(巳未), 오신(午申), 미유(未酉), 신술(申戌), 유해(酉亥), 자술(子戌), 해축(亥丑)

8) 단명살(短命殺)

단명살(短命殺)은 명이 짧고 위기를 간신히 넘기고 있다는 흉살(凶殺)이다.

자사(子巳), 축인(丑寅), 인진(寅辰), 묘미(卯未), 진사(辰巳), 사인(巳寅), 오진(午辰), 미미(未未), 사신(巳申), 유인(酉寅), 진술(辰戌), 해미(亥未)

9) 귀문관살(鬼門關殺)

귀문관살(鬼門關殺)은 정신이상, 신경쇠약에 걸린다는 흉살이다. 부부가 일시에 귀문관살이 있으면 그 부부는 변태성 성질이 발작하기 쉬우며, 남자(男子)는 의처증, 여자(女子)는 의부증이 있다. 여자(女子) 사주(四柱)에 관성(官性)이 귀문관살(鬼門關殺)이면 그 남편이 변태성 정신이상에 걸린다.

인미(寅未), 묘신(卯申), 진해(辰亥), 사술(巳戌), 축오(丑午), 자유(子酉)

10) 과살(戈殺)

과살(戈殺)이 사주에 있으면 몸에 중상이 생길 우려가 있으며 일시에 있는 것을 더 꺼리며, 몸에 큰 흉터가 있다.

무술(戊戌), 과살(戈殺)

11) 양인살(陽刃殺)

양인살(陽刃殺)은 광폭(狂暴)을 나타내며 형벌(刑罰)을 받는 살이다. 이 살이 사주에 있으면 곤액과 장애가 많다.

日干	甲	乙	丙	丁	戊	己	庚	辛	壬	癸
陽刃	卯	辰	午	未	午	未	寅	戌	子	丑

12) 도화살(桃花殺)

도화살(桃花殺)은 함지패살(咸地敗殺)이라고도 하며 이 살은 남녀를 불문하고 호색가에 음란하며 주색으로 패가망신하는 수가 많다. 이 살이 공망을 당하면 길하다. 또는 도화(桃花)가 정관(正官)과 같이 있으면 복록(福祿)이 있다. 다만, 편관(偏官)과 같이 있으면 복이 없다.

日支	申子辰	寅午戌	巳酉丑	亥卯未
桃花	酉	卯	午	子

13) 고신과숙살(孤神寡宿殺)

고신과숙살(孤神寡宿殺) 남녀 간에 부부 이별살(離別殺)로 부부 운이 불
길한 살이다.

남자(男子)의 사주에 고신(孤神)이 있으면 처를 해하고 여자(女子)의 사주
에 과숙(寡宿)이 있으면 과부가 된다. 화계(花階)와 과숙(寡宿)이 같이 있
으면 독신으로 늙는 수가 많다(스님, 예술가).

年支	亥子丑	寅卯辰	巳午未	申酉戌
孤神	寅	巳	申	亥
寡宿	戌	丑	辰	未

14) 괴강살(魁罡殺)

괴강살은 모든 길흉을 극한으로 작용하는 것으로서 사람을 제압하는
강렬한 살이다. 따라서 대부(大富), 대귀(大貴), 극빈(極貧), 재앙(災殃), 황
폭(荒暴), 살상(殺傷), 엄격(嚴格), 총명(總名) 극단으로 흐른다. 사주에 괴
강(魁罡)이 여러 개 있으면 크게 발달하여 대부대귀(大富大貴)한다. 그러
나 여자(女子)는 이 살이 있으면 고집이 세고 과부가 된다. 남자(男子)는
성질이 결백하고 이론을 잘 편다. 일주(日柱)가 경술(庚戌) 또는 경진(庚
辰)이고 관성이 있으면 극도로 빈궁하다. 또는 일주(日柱)가 무술(戊戌),

임진(壬辰)이고 재성이 있으면 극빈하는 수가 있다. 남녀를 막론하고 괴
강살이 있으면 똑똑하다.

경진(庚辰)

임진(壬辰)

무술(戊戌)

경술(庚戌)

15) 금여살(金與殺)

금여(金與)가 사주에 있으면 남녀 간에 좋은 배우자를 만나 행복하게
지내며 이것이 시에 있으면 평생에 친근 자들의 도움을 받고 편안히
지낸다. 또한 금여살(金與殺)은 성질이 온유하며 용모가 단정하고 화기
애애한 인품을 가진다. 또한 재주가 있으며 세인의 존경을 받는다.

日干	甲	乙	丙	丁	戊	己	庚	辛	壬	癸
金與	辰	巳	未	申	未	申	戌	亥	丑	寅

16) 장성살(將星殺)

사주(四柱)에 장성(將星)이 있으면 문무를 겸하는 벼슬에 출세하며 관성
이 길하다. 장성(將星)이 편관(偏官)과 같이 있으면 무관(武官) 또는 법관

(法官)으로 성공하며 재성(財星)과 같이 있으면 국가의 재정을 장악할 수
있다.

日支	申子辰	寅午戌	巳酉丑	亥卯未
將星殺	子	午	酉	卯

17) 문창성(文昌星) ★

문창성이 공망(空亡) 충(沖), 또는 합(合)이 되지 않고 길신인 경우에는
글을 잘 쓰고 총명하며 지혜가 있다. 또는 사주 속의 흉성을 길로 변
화시켜 제거한다.

日干	甲	乙	丙	丁	戊	己	庚	辛	壬	癸
文昌	巳	午	申	酉	申	酉	亥	子	寅	卯

18) 화개살(花蓋殺) ★

화개살(花蓋殺)이 사주(四柱)에 있으면 총명하고 지혜가 있으며 문장이
뛰어나다. 화개(花蓋)가 인수(印綬)와 같이 있으면 큰 학자가 된다. 그러
나 일반적으로 예술 계통에서 발전한다.

日支	寅午戌	申子辰	巳酉丑	亥卯未
花蓋殺	戌	辰	丑	未

19) 공망(空亡) ★

육십갑자의 일순(日旬) 중에서 각각 그 순에 포함되지 않는 지지(地支)가 두 개씩 있다. 이를 위(位)는 있으나 록(祿)이 없다고 칭하는데 이것이 공망(空亡)이다.

갑자순(甲子旬)에는 술해(戌亥)가 공망(空亡)이다.
갑술순(甲戌旬)에는 신유(申酉)가 공망(空亡)이다.
갑신순(甲申旬)에는 오미(午未)가 공망(空亡)이다.
갑오순(甲午旬)에는 진사(辰巳)가 공망(空亡)이다.
갑진순(甲辰旬)에는 인묘(寅卯)가 공망(空亡)이다.
갑인순(甲寅旬)에는 자축(子丑)이 공망(空亡)이다.

공망(空亡)을 쉽게 표출하는 방법이 있으니 설명을 참고 바란다.

- 공망(空亡)은 일주를 기준으로 하여 地支(지지)를 대조하여 표출하는 것이다.
- 년지(年支)를 공망(空亡)하면 항상 고생이 그치지 않고 하는 일은 실적이 나타나지 아니하며 발전하기 힘들다.

- 월지(月支)를 공망(空亡)하면 형제가 드물며 있어도 도움이 되지 않는다.
- 시지(時支)를 공망(空亡)하면 자식이 없거나 있어도 도움이 되지 않는다.
- 연지(年支)와 월지(月支)를 같이 공망(空亡)하면 처자와 이별한다.
- 연(年), 월(月), 일(日), 시(時) 전부를 공망(空亡)하면 오히려 귀한 사주가 되며 길하다.
- 공망(空亡) 당한 지지(地支)가 육합(六合)되면 공망(空亡)으로서 작용을 못한다.
- 서로 충(冲)하는 지지(地支)를 공망(空亡)하면 충(冲)으로 인한 흉(凶)은 길조(吉兆)로 변한다.

20) 천을귀인(天乙貴人)

사주에 천을귀인(天乙貴人)이 있으면 다음과 같은 작용이 있다.

- 총명하며 지혜가 많고 흉이 길로 변한다.
- 건록(建祿), 재왕(宰王)이 같이 있으면 평생에 복이 많고 관운도 좋다.
- 공망(空亡)이 있으면 길이 감소되며 사(死)나 절(絶) 등이 같이 있으면 복이 없다.
- 귀인을 형(刑), 충(冲), 파(破), 행(害) 등이 범하면 평생에 곤고함이 많다.
- 귀인(貴人)과 길성(吉星)이 합(合)이 되거나 귀인(貴人)이 있는 천간(天干)과 합(合)되면 출세가 빠르고 사회적 신망이 있어 존경을 받으며 평생에 형벌(刑罰)을 받지 않는다.
- 괴강(魁罡)과 같이 있으면 사리에 밝아서 세인의 존경을 받으면 성격

도 쾌활하여 의기남아가 된다.

- 귀인(貴人)과 건록(建祿)이 있고 역마(驛馬)가 충(沖)을 당하면 출세하여 명성을 떨친다.

日干	甲戊庚	乙己	丙丁	壬癸	辛
天乙貴人	丑未	子申	亥酉	巳卯	寅 午

21) 건록(建祿)

건록(建祿)은 정록이라고도 하며, 복록을 말한다. 즉, 관록 의식의 록 등으로서 사주(四柱)에 이록이 있어서 왕하고 복록이 많으면 출세에 길하다.

日干	甲	乙	丙	丁	戊	己	庚	辛	壬	癸
建祿	寅	卯	巳	午	巳	午	申	酉	亥	子
暗祿	亥	戌	申	未	申	未	巳	辰	寅	丑

22) 역마(驛馬)

- 사주(四柱)에 길신(吉神)이 역마(驛馬)에 해당하면 비약적으로 발전하여 매사 순조롭고 건록과 상충(相沖)하면 출세하여 명진사해(名振四海)

한다.

- 사주(四柱)의 흉신(凶神)이 역마(驛馬)에 해당하면 풍파를 만나 분주하다.
- 역마(驛馬)가 합(合)이 되면 매사가 더디다.
- 일지(日支)가 역마(驛馬)에 해당하고 흉신이며 충을 당하면 항상 분주하다.
- 사주에 역마(驛馬)가 많으면 평생토록 분주하게 돌아다니며 고생이 많다.
- 역마(驛馬)가 공망(空亡)이면 주거가 불안전하다.
- 역마(驛馬)와 정재(正財)가 동주하면 현명한 처를 얻는다.

日支	申子辰	寅午戌	巳酉丑	亥卯未
驛馬	寅	申	亥	巳

23) 겁살(刧殺)

겁살(刧殺)이란 겁탈당하는 것을 말한다. 겁살(刧殺)은 기운이 가장 허약한 절지에 빠진 것으로 어떠한 재난을 당해도 항거할 수 없고 막을 수가 없다.

그래서 재난을 당하기 쉽고 모든 노력이 수포로 되기 쉬우니 차라리 움직이지 않는 것이 좋다. 여명은 망신수를 조심한다.

日支	亥卯未	寅午戌	巳酉丑	申子辰
劫殺	申	亥	寅	巳

24) 망신살(亡神殺)

망신살(亡神殺)은 파운살(破運殺) 또는 관부살이라 한다. 모든 계획이 수 포로 돌아가게 되고 마침내 패가망신하게 된다는 살이다.

실물이나 손재 등에 조심해야 하며 여자(女子)는 남자(男子)에게 정조를 빼앗긴 것을 망신이라고 하므로 항상 남자(男子)를 조심해야 한다. 망신 살(亡神殺)이 하나 있으면 부모의 재산을 팔아먹고 세 개 이상 있으면 사형을 받게 된다고 한다.

日支	亥卯未	寅午戌	巳酉丑	申子辰
亡神殺	寅	巳	申	亥

25) 백호대살(白虎大殺)

갑진(甲辰), 을미(乙未), 병술(丙戌), 정축(丁丑), 무진(戊辰), 임술(壬戌), 계축 (癸丑.)

이상과 같은 백호대살(白虎大殺)은 핏빛을 본다는 흉살이다. 이 살(殺)은 육친법(六親法)에 따라 활용된다.

편재(偏財) 백호대살(白虎大殺)은 부친(父親) 또는 처첩(妻妾)에 흉사(凶死)함이 있고 여명 사주에 관성(官星) 백호대살(白虎大殺)은 남편이 흉사(凶死)한다는 흉악(凶惡)한 살이다. 여명(女命) 사주(四柱)에 시성(時星)이 백호대살(白虎大殺)은 자손(子孫)에 흉사함이 있고 남명(男命) 사주에 관성(官星) 백호대살(白虎大殺)은 자손(子孫)이 흉사(凶死)함이 있으며 상관(傷官)이 백호대살(白虎大殺)에 동주하면 조모님(祖母)에 흉사(凶死)함이 있다. 갑진일(甲辰日), 을미일(乙未日) 생(生)은 아버지가 객사(客使) 혹은 흉사(凶死)함이 있고 비겁(比劫)이 백호대살(白虎大殺)이면 형제 간에 흉사(凶死)함이 있다. 이 살(殺)은 연월일시(年月日時) 어느 곳에 있든 나쁘다.

5. 납음오행법(納音五行法)

甲乙 子丑 해중 金	甲乙 戌亥 산두 火	甲乙 申酉 천중 水	甲乙 午未 사중 金	甲乙 辰巳 복등 火	甲乙 寅卯 대계 水
丙丁 寅卯 노중 火	丙丁 子丑 간하 水	丙丁 戌亥 옥상 土	丙丁 申酉 산하 火	丙丁 午未 천하 水	丙丁 辰巳 사중 土
戊己 辰巳 대림 木	戊己 寅卯 성두 土	戊己 子丑 벽력 火	戊己 戌亥 평지 木	戊己 申酉 대역 土	戊己 午未 천상 火
庚辛 午未 노방 土	庚辛 辰巳 백납 金	庚辛 寅卯 송백 木	庚辛 子丑 벽상 土	庚辛 戌亥 차천 金	庚辛 申酉 석류 木
壬癸 申酉 검봉 金	壬癸 午未 양류 木	壬癸 辰巳 장류 水	壬癸 寅卯 금박 金	壬癸 子丑 상석 木	壬癸 戌亥 대해 水
水	無	金	水	無	金

6. 십이운성(十二運星)

십이운성(十二運星)이란 절(絶), 태(胎), 양(養), 생(生)의 법이라서 사람이 출생할 때부터 죽을 때까지의 이치를 비유해서 천리순환(天理順還)의 이치를 논하는 것이다.

즉, 어머니 뱃속에서 잉태되는 시기를 절태(絶胎)라 하는데, 이에서부터 나서 자라나며 늙어서 병들어 죽어서 장사지내는 순서로 만물의 생(生), 노(老), 성(成), 쇠(衰)의 이치를 비유한 것이다.

運星 日干	長生	沐浴	冠帶	建祿	帝旺	衰	病	死	墓	絶	胎	養
甲	亥	子	丑	寅	卯	辰	巳	午	未	申	酉	戌
乙	午	巳	辰	卯	寅	丑	子	亥	戌	酉	申	未
丙戊	寅	卯	辰	巳	午	未	申	酉	戌	亥	子	丑
丁己	酉	申	未	午	巳	辰	卯	寅	丑	子	亥	戌
庚	巳	午	未	申	酉	戌	亥	子	丑	寅	卯	辰
辛	子	亥	戌	酉	申	未	午	巳	辰	卯	寅	丑
壬	申	酉	戌	亥	子	丑	寅	卯	辰	巳	午	未
癸	卯	寅	丑	子	亥	戌	酉	申	未	午	巳	辰

- 장생(長生)은 인간의 출생과 같다. 즉, 사람이 처음 출생하여 어머니 품 안에 있는 유년기를 말한다.

- 목욕(沐浴)은 출생 후 태아일 때의 때를 씻는 것과 같다. 즉, 유년기를 지나서 자기 스스로 활동하는 소년기를 말한다.
- 관대(冠帶)는 성년이 되어 결혼을 한 청년기를 말하는 것이다.
- 건록(建祿)은 청년기를 지나서 정신적으로나 육체적으로 완숙한 중년 기를 말한다. 즉, 나라에 출사하여 사회생활을 하는 것을 말한다.
- 제왕(帝王)은 벼슬길에 달하면 왕이 된다. 왕자로서 최고의 지위와 인 생의 절정 상태를 장년기를 말한다. 즉, 사람이 장성이 최상에 달한 것과 같다.
- 쇠(衰)는 왕관을 벗고 은퇴하는 인생의 황혼기에 든 초로기를 말한다.
- 병(病)은 노쇠하여 원기가 쇠퇴하고 부족함에 따라 발생하는, 육체의 이상이 오는 시기를 말한다.
- 사(死)는 극성하고 노쇠하여 병들어 사망하는 과정과 같은 것을 말 한다.
- 묘(墓)는 사후 묘 중에 묻힌 것을 말한다.
- 절(絶)은 묘에 묻힌 후 그 형체가 절무(絶無)하게 되는 것과 같다.
- 태(胎)는 생명으로 생성이 시작된 포태(胞胎) 상태를 말한다.
- 양(養)은 태중에서 완성되어 태어나기 위한 만삭의 시기를 말하며 출 생을 기다리는 상태다.

7. 지지(地支) 장간분야표(藏干分野表)

地支	子	丑	寅	卯	辰	巳	午	未	申	酉	戌	亥
여기 (餘氣)	壬 6	癸 9	戊 12	甲 6	乙 9	戊 18	丙 6	丁 9	戊 12	庚 6	辛 9	戊 12
중기 (中氣)		辛 3	丙 12		癸 3	庚 12	己 6	乙 3	壬 12		丁 3	甲 12
정기 (正氣)	癸 24	己 18	甲 18	乙 24	戊 18	丙 18	丁 24	己 18	庚 18	辛 24	戊 18	壬 18

이상과 같이 지가 간을 2개에서 3개까지 보유하고 있는 것을 말한다. 그 중 정기가 가장 강하므로 육신 표출 때 정기를 택한다.

8. 오행(五行) 왕쇠(旺衰)의 법칙

왕쇠(旺衰)의 법칙이란, 목생화(木生火) 해도 약한 불에 나무가 지나치게 많으면 불이 꺼지고 화생토(火生土) 해도 약한 토(土)에 화(火)가 너무 많으면 조토(燥土)가 되며 토의 임무를 수행할 수 없는 것과 같은 것을 말한다. 모든 오행을 이런 이치로 분석·판단해야 한다.

• 목생화(木生火) 하지만 목이 많으면 불이 꺼진다. 아궁이에 불을 피우

는데 너무 많은 나무를 넣으면 도리어 불이 꺼지듯이 이때에는 화(火)의 재성(財星)인 금(金)을 써서 목(木)을 자르고 쪼개서 억제를 해주어야 화(火)가 다시 회생하므로 목생화(木生火)가 아니고 금생화(金生火)가 된다.

- 화생토(火生土) 하나 화(火)가 많으면 토(土)는 타버리고 조토(燥土)가 되면 쓸모없다. 이때엔 토(土)를 적셔주는 수(水)를 써서 화기를 누르고 토를 적셔주면 토의 생기가 회복된다. 이는 화생토가 아니고 수생토가 되는 것이다.

- 토생금(土生金) 하나 토(土)가 많으면 금(金)이 흙에 묻힌다. 묻힌 금(金)은 아무리 많아도 없는 것과 같다. 이때에는 금(金)의 재성인 목을 써서 토를 무찌르고 파헤치면 흙 속에 묻힌 금이 다시 세상의 빛을 보고 생기를 찾는다. 이는 토생금이 아니고 목생금이 되는 것이다.

- 금생수(金生水) 하나 금이 많으면 수가 막힌다. 이때는 수의 재성(財星)인 화(火)를 써서 금(金)을 녹이고 분산시키면 막혀 있던 물이 다시 흐르고 생기를 찾는다. 이는 금생수(金生水)가 아니고 화생수(火生水)가 되는 것이다.

- 수생목(水生木) 하나 수(水)가 많으면 나무가 물에 떠서 부몽(浮濛) 되어 떠내려간다. 이때에 목(木)의 재성(財星)인 토(土)를 써서 수(水)를 막으면 나무는 뿌리를 내리고 다시 생기를 찾으니 수생목(水生木)이

아니고 토생목(土生木)이 되는 것이다.

9. 식상(食傷) 설다(泄多)의 해(害)

- 목생화(木生火) 하나 화(火)가 많으면 목(木)은 타고 없어진다. 이때엔 인수(印綬)인 수(水)를 써서 화(火)를 끄거나 재성(財星)인 토(土)를 써서 화(火)의 기운을 설기(洩氣)하면 화기(火氣)가 사그라지니 목(木)이 회생한다. 이는 수생목(水生木)이 아니고 화생목(火生木)이 되는 것이다.

- 화생토(火生土) 하지만 토(土)가 많으면 화(火)가 꺼진다. 이때에 인수(印綬)인 목(木)을 써서 토(土)를 누르거나 재성(財星)인 금(金)을 써서 토(土)를 설기(洩氣)하면 토기(土氣)가 허약해지고 화(火)가 회생한다. 이는 목생화(木生火)이자 금생화(金生火)가 되는 것이다.

- 토생금(土生金) 하지만 금(金)이 많으면 토(土)가 무너진다. 이때에 인수(印綬)인 화(火)를 써서 금(金)을 녹이거나 재성(財星)인 수(水)를 써서 금(金)을 설기(洩氣)하면 금기(金氣)가 무력해져서 토(土)가 회생한다. 이는 화생토(火生土)이자 수생토(水生土)가 되는 것이다.

- 금생수(金生水) 하나 수(水)가 많으면 금(金)은 물에 가라앉으니 이때에는 인수(印綬)인 토(土)를 써서 수(水)를 누르거나 재성(財星)인 목(木)으로서 수(水)를 설기하면 수(水)가 약해져서 금(金)이 회생한다. 이는

토생금(土生金)이자 목생금(木生金)이 되는 것이다.

- 수생목(水生木) 하지만 목(木)이 많으면 수(水)는 고갈된다. 이때에는 인수(印綬)인 금(金)을 써서 목(木)을 치거나 재성(財星)인 화(火)를 써서 목(木)을 태우면 수(水)는 회생한다. 이는 금생수(金生水)이자 화생수 (火生水)가 되는 것이다.

10. 역생법(逆生法)과 역극법(逆剋法)

1) 역생법(逆生法)

- 목생화(木生火) 하지만 화(火)도 목(木)을 생(生)한다. 겨울의 나무는 추워서 동사(凍死)하는데, 이때에 화(火)를 만나면 해동(解冬)하여 동사 (凍死)를 면하고 생기(生氣)를 되찾는다. 목(木)이 화(火)를 생(生)하는 것이 아니고 화(火)가 목(木)을 생(生)하여 화생목(火生木)이 된다.
  또는 약한 목(木)에 금(金)이 많으면 금(金)은 견딜 수가 없는데 이때에 화(火)를 써서 금(金)을 억제하면 목(木)이 회생하니 화생목(火生木)이 되는 것이다.

- 화생토(火生土) 하지만 토(土)도 생화(生火)한다. 화(火)에 수(水)가 많으면 불이 꺼지는데 이때에 목(木)을 써서 수(水)를 억제하면 수(水)에 꺼져가는 화(火)가 다시 회생하니 토생화(土生火)가 되는 것이다.

- 토생금(土生金) 하지만 금(金)도 생토(生土)한다. 토(土)에 목(木)이 많으면 토(土)는 무너진다. 이때에 금(金)이 목(木)을 누르면 벌목(伐木)하여 토(土)는 다시 생기(生氣)를 찾으니 금생토(金生土)가 되는 것이다.

- 금생수(金生水) 하나 수(水)도 생금(生金)을 한다. 금(金)에 화(火)가 많으면 금(金)이 녹아 없어지는데 이때에 수(水)를 써서 화(火)를 누르고 끄면 금(金)은 화난(火難)을 면하고 회생한다. 이는 수생금(水生金)이 되는 것이다.

- 수생목(水生木) 하나 목(木)도 생수(生水)한다. 토(土)가 많으면 수(水)가 묻히는데 목(木)이 토(土)를 파헤치면 수(水)는 다시 회생한다. 이미 묻힌 수(水)를 다시 회생시키니 목생수(木生水)가 되는 것이다.

2) 역극법(逆剋法)

- 금극목(金剋木) 하나 목(木) 또한 극금(剋金)을 한다. 추금(秋金)은 강해서 능히 극목(剋木)할 수 있으나 춘금(春金)은 노쇠해서 득령한 목(木)을 다스릴 수 없으며 도리어 목(木)의 지배를 받으며 목극금(木剋金)이 되는 것이다.

- 목극토(木剋土) 하나 토(土) 또한 극목(剋木)한다. 춘목(春木)은 왕(旺)하여 능히 토(土)를 다스릴 수 있으나 토왕절(土旺節)엔 목(木)은 쇠(衰)하고 토(土)는 왕(旺)하다. 쇠목(衰木)은 왕토(旺土)를 다스릴 수 없어 도

리어 토(土)의 지배를 받는다.

- 토극수(土剋水) 하나 수(水) 또한 극토(剋土)한다. 진(辰), 술(戌), 축(丑), 미(未) 월생(月生)의 토(土)는 왕(旺)하여 능히 수(水)를 다스릴 수 있으나 해자월(亥子月)엔 토(土)는 쇠(衰)하고 수(水)는 왕(旺)하니 수(水)가 도리어 토(土)를 지배한다.

- 수극화(水剋火) 하나 화(火) 또한 극수(剋水)한다. 수왕절(水旺節)엔 수(水)가 능히 화(火)를 다스릴 수 있으나 화왕절(火旺節)엔 수(水)는 쇠약하고 화(火)는 왕(旺)하여 수(水)를 극수(剋水)한다.

- 화극금(火剋金) 하나 금(金) 또한 극화(剋火)한다. 화왕절(火旺節)엔 화(火)가 능히 금(金)을 다스릴 수 있으나 금왕절(金旺節)엔 화(火)가 쇠약하고 금(金)은 왕성하므로 왕금(旺金)이 쇠화(衰火)를 지배한다.

이상과 같이 역생법(逆生法)이나 역극법(逆剋法)은 사주 통변(通辯)상 상생(相生), 상극(相剋)보다 훨씬 많은 비중을 차지하고 있으며 이 법칙을 모르고는 올바른 감정을 할 수 없다.

11. 양간(陽干)과 음간(陰干)의 작용

1) 양간(陽干)의 작용

양간(陽干)은 성질이 강(强)하다. 특히 독립적인 성질을 가지고 있으며 본기(本己)가 휴수사절(休囚死絶)의 지(地)에 이르지 않으면 타(他)에 복종하지 않는다. 혹 사절지(死絶地)에 이르더라도 인수(印綬)의 부조(扶助)를 만나면 회생되어 다시 왕(旺)해지며 남에게 따르지 않는다.

비록 재관(財官)의 무리가 강(强)하여 본신(本身)이 약(弱)해지더라도 다른 오행의 생조(生助)함이 있으면 고생하면서 원래의 근성(根性)을 버리지 않는다. 또한 양간(陽干)은 남성과 같아서 친우(親友)가 환경이 부귀(富貴)하더라도 능히 자기의 곤궁을 고수하며 빈곤함을 낙으로 삼고 노력 분투하여 남의 세력에 따르지 않으려고 한다.

2) 음간(陰干)의 작용

음간(陰干)은 그 성질이 유약하고 여성적이어서 독립성이 없다. 사주에 관살(官殺)의 세력이 강(强)하면 그 세력에 따르고 재(財)가 많아서 강(强)하면 그 세력에 따르며 자기의 본질을 버리고 다른 세력에 시집을 간다. 즉, 자기가 자존(自存)할 능력이 없으면 남의 세력에 따라가서 남의 부에 편승하여 부자로 화(化)해 버린다. 이것을 자존력(自存力)이 없을 때 그렇다. 자기가 왕(旺)할 때는 남의 세력에 따르더라도 무정선(無情宣)하게 된다. 이와 같이 양간(陽干)과 음간(陰干)은 성질이 판이하게 다르다.

12. 사주(四柱) 각주(各柱)의 흉획(凶劃)

- 연주(年柱): 일평생(一平生)을 통한 운명(運命)이며 대인관계 조상(祖上)에 대한 관계를 표시하는 위치이다.

- 월주(月柱): 성년(成年) 후의 운명(運命)에 작용하는 것이며 대인관계로는 부모, 형제 등을 표시하는 위치이다.

- 일주(日柱): 일주(日柱)의 일간(日干)은 자기(自己)로서 일간을 중심으로 각주(各柱)와 대조하여 육신(六神)을 표출한다. 일지(日支)가 표시하는 작용은 청년시대와 결혼관계 및 배우자의 일신 관계를 보는 것이다.

- 시주(時柱): 초년시대(初年時代)와 말년시대(末年時代)의 운명과 재운 또는 건강 등을 보며 대인관계로는 자손관계로 보는 위치이다.

제3장

육신(六神)

1. 육신(六神)이란 무엇인가

사주(四柱)는 음양(陰陽)과 오행(五行)의 상호 작용으로 일어나는 운명(運命)작용을 분석하는 것이므로 이 육신(六神)이란 것은 일간(日干)을 기준으로 각주(各柱)를 간(干)과 지(支)의 상생(相生), 상극(相剋), 음양(陰陽) 등으로 표시되는 부모, 형제, 처자 등의 관계를 말하는 것인데 다음과 같다.

비견겁재(比肩劫財)
식신상관(食神傷官)
편재정재(偏財正財)
편관정관(偏官正官)
편인인수(偏印印綬)

왜 육신이라고 칭하는가 하면 비견(比肩) 겁재(劫財)는 일간(日干)과 동궁으로서 격(格)을 이루지 못하고 편재(偏財)와 정재(正財) 및 편인(偏印) 인수(印綬)는 편정(偏正)이 서로 작용을 같이하므로 재성(財星)과 인성(印星)으로 통(統)하여 여섯 가지로 분류하기 때문이다.

1) 육신(六神) 표출법

사주(四柱)는 일간(日干)이 기준이 되므로 각 천간(天干)을 대조하여 표출하고 지지(地支)는 지장간(支藏干)의 정기를 대조하여 표출한다.

지지(地支)의 자(子), 오(午), 해(亥), 사(巳)는 육신(六神) 표출 시 음양을 바꾸어 표출하면 정기를 대조하는 것과 같다.

- 비견(比肩): 일간(日干)과 오행(五行)이 같고 음양(陰陽)이 같은 것
- 겁재(劫財): 일간(日干)과 오행(五行)이 같고 음양(陰陽)이 다른 것
- 식신(食神): 일간(日干)이 생(生)하는 것으로 음양(陰陽)이 같은 것
- 상관(傷官): 일간(日干)이 생(生)하는 것으로 음양(陰陽)이 다른 것
- 편재(偏財): 일간(日干)이 극(剋)하는 것으로 음양(陰陽)이 같은 것
- 정재(正財): 일간(日干)이 극(克)하는 것으로 음양(陰陽)이 다른 것
- 편관(偏官): 일간(日干)을 극(剋)하는 것으로 음양(陰陽)이 같은 것
- 정관(正官): 일간(日干)을 극(剋)하는 것으로 음양(陰陽)이 다른 것
- 편인(偏印): 일간(日干)을 생(生)하는 것으로 음양(陰陽)이 같은 것
- 인수(印綬): 일간(日干)을 생(生)하는 것으로 음양(陰陽)이 다른 것

2) 육신(六神)의 운성(運星) ★

육신은 어떠한 운성의 작용을 하는가를 논하게 되는데 각 육신의 운성은 다음과 같다.

(1) 비견(比肩) ★

형제, 친구, 조카, 남편의 처를 표시한다. 그 특성으로는 분가(分家), 독립(獨立) 이별(離別), 분리 등이 있다. 자존심이 강하고 과단 독행하

여 자기의 주장을 고집하여 타인과 불화쟁론에 빠지고 나아가 비방, 불리(不利)를 초래한다.

- 사주(四柱)에 비견(比肩)이 많으면 형제자매와 서로 싸우고 친구와도 불리하다. 남자(男子)는 처와, 여자(女子)는 남편과 이별한다.
- 사주(四柱)에 천간(天干)과 지지(地支)가 모두 비견(比肩)이면 두 집안을 관장하거나 양자로 가기 쉬우며 부친(父親)과 인연이 박하다.
- 월지(月支)에 비견(比肩)이 있으면 사주(四柱)에 관성(官星)이 없는 한 성격이 다소 난폭하다.
- 비견(比肩)이 묘(墓), 사(死), 목욕(沐浴)과 동주에 있으면 형제가 일찍 죽는다.
- 여자(女子) 사주(四柱)에 비견(比肩)이 많으면 색정으로 인한 번뇌가 많으며 가정불화가 많다.
- 비견(比肩)과 겁재(劫財)가 동주에 있으면 형제 부부 간에 구설(口舌)과 고정(苦情)이 있으며 부친(父親)과 사별(死別)하며 결혼 운이 늦는 경향이 있다.
- 비견(比肩)이 공망(空亡)되면 남자(男子)는 부친(父親)과 인연이 없고 극해(剋害)하며 여자(女子)는 남편과 자식의 인연이 박하다.
- 여자(女子) 사주(四柱)에 비견(比肩), 겁재(劫財)가 강하면 독신으로 지내는 수가 많으며 첩이 되는 수도 있다.

(2) 겁재(劫財) ★

비견(比肩)과 같이 형제, 이복형제, 남편의 첩을 표시하는 육신(六神)으로 그 특성은 교만, 불손, 쟁투, 폭력이다. 따라서 타인을 너무 낮춰보는 버릇이 있고 특히 공동사업에는 가장 부적합하다는 암시가 있다.

- 사주(四柱)에 겁재(劫財)가 많으면 부부간에 이별수가 많고 형제 친구 간에도 불화하다.
- 사주(四柱)에 천간(天干), 지지(地支)가 모두 겁재(劫財)면 조실부모(早失父母)한다. 또는 겁재(劫財)가 있으면 이복형제가 있을 수 있다.
- 겁재(劫財)와 상관(傷官)과 양인(陽刃)이 같이 있으면 형옥(刑獄) 또는 재화(災禍), 변사(變死)하거나 단명(短命)하고 시주(時柱)에 겁재(劫財)와 상관(傷官)이 같이 있으면 극자(剋子)한다.
- 사주(四柱)에 비견(比肩), 겁재(劫財)가 태강(泰强)하고 재성(財星)이 하나만 있으면 거지가 되고 만약 재운을 만나면 사망(死亡)한다.
- 사주(四柱)의 두 주(柱)에 겁재(劫財)와 양인(陽刃)이 같이 있으면 외면은 화려해 보여도 내면은 곤고하며 가정 또한 적막하다.
- 년(年) 또는 월(月) 중에 겁재(劫財)가 있으면 장자는 못된다.
- 편관(偏官)과 편인(偏印)이 같이 있으면 외국을 많이 왕래하거나 행상인이 된다.

(3) 식신(食神) ★

대인관계로는 남자(男子)는 조카 손자 또는 장인 장모로 보나 대개 자식으로도 보면 여자(女子)는 자식 손자로 본다.

운 질의 특성은 의식주 가산 목록 등의 풍만함을 나타내는 길(吉)성 인데 성질이 명랑하고 호색가이며 신체가 비대하고 인덕이 있다.

- 사주(四柱)에 식신(食神)이 너무 많으면 자식 덕이 없으며 여자(女子)는 과부가 되거나 화류계로 흐르기 쉽다.
- 사주(四柱)에 식신(食神)이 있고 일지(日支)에 정관(正官)이 있으나 월지(月支) 또는 시지(時支)에 건록(建祿)이 있으면 대귀 대부 한다.
- 식신(食神)이 월지(月支)에 있으면 명랑하며 신체가 비대하고 일지(日支)에 있으면 현처를 얻는다.
- 편인(偏印)이 식신(食神)을 극(剋)하면 곤고 또는 단명(短命)하고 여자(女子)는 공방(空房)살이 하거나 산(産)액이 있다.
- 여자(女子) 사주(四柱)의 시주(時柱)에 건록(建祿)이 제왕(帝旺), 식신(食神)과 같이 있으면 자식(子息)이 크게 부귀하고 남자(男子)는 비견(比肩), 겁재(劫財) 등이 식신(食神)을 생왕(生旺)하면 부귀한다.
- 연주(年柱)에 식신(食神)이 있고 지(支)에 비견(比肩)이 있으면 경제적으로 윤택하고 귀인의 도움을 받는다.
- 식신(食神) 겁재(劫財) 편인(偏印)이 같이 있으면 단명(短命)하고 식신(食神)과 상관(偏官)이 같이 있으면 고생(苦生)이 많고 편인(偏印)이 있으면 재액(災厄)을 당한다.

- 식신(食神)과 재성(財性)이 있고 신왕(身旺)이면 여러 사람의 존경(尊敬)을 받아 성공한다. 또는 식신(食神)과 편관(偏官)이 있고 양인을 만나면 큰 인물이 된다.

(4) 상관(傷官) ★

남자(男子)는 조부모(祖父母)로 보고 여자(女子)는 자식(子息)으로 본다. 운질(運質)은 방해(妨害), 경쟁(競爭), 소송(訴訟), 반대(反對)로 실권(實權), 교만(驕慢) 등(等)의 흉조(凶兆)를 나타내는 흉성(凶星)이다.
사주(四柱)에 상관(傷官)이 많으면 자식(子息)을 극해(剋害)하고 사주(四柱)에 인수(印綬) 편인(偏印)이 있으면 흉조(凶兆)는 감소(減少)한다.

- 상관(傷官)은 재주가 있고 예술(藝術)에 소질(素質)이 있으며 음악(音樂) 등을 즐긴다.
- 연간(年干)과 지지(地支)에 상관(傷官)이 있으면 단명(短命)하고 연간(年干)에 상관(傷官)이 있으면 부모 덕이 없다.
- 월주(月柱)의 천지(天地)성이 모두 상관(傷官)이면 형제(兄弟)의 버림을 받고 부부(夫婦) 이별(離別)수가 있고 빈천하다.
- 여자(女子) 사주(四柱)에 상관(傷官)과 양인이 일지(日支)에 같이 있으면 남편이 횡사하고 고생이 많다.
- 일지(日支)에 상관(傷官)이 있으면 처자(妻子)가 완전하기 곤란하며 비록 뜻은 높으나 예술적(藝術的) 재능은 없다.
- 상관(傷官)과 양인(陽刃)이 같이 있으면 호색(好色), 음란(淫亂)한 경향

이 있다.

- 시주(時柱)에 상관(傷官)이 있으면 자손에 불길하고 상관(傷官)과 양인(陽刃)이 같이 있으면 남의 집 하인 노릇을 한다.
- 상관(傷官)과 겁재(劫財)가 같이 있으면 재산(財産)을 목적으로 결혼(結婚)하는 탐욕(貪慾)스런 사람이다.
- 상관(傷官)이 많고 신왕(身旺) 사주(四柱)면 종교가(宗敎家), 예술가(藝術家), 음악가(音樂家)로서 이름을 날린다.

(5) 정재(正財) ★

백부, 백모를 표시하며, 남자에게는 처(妻)를 의미하고 여자(女子)에게는 시어머니를 의미한다. 또 정재(正財)의 운성은 명예, 번영, 자산, 신용을 의미하고 복록(福祿)과 길상을 나타낸다. 그 정신은 정의와 공론을 존중하고 시비를 분명히 하며 의협심(義俠心)이 강하고 명랑(明朗)하며 주색(酒色)을 좋아하고 결혼 운이 좋은 반면 색정에 빠질 염려가 있다.

- 정재(正財)와 식신(食神)이 있으면 가정이 행복하게 되나 만일 겁재(劫財)가 있으면 흉으로 변한다.
- 사주(四柱)에 정재(正財)가 너무 많고 신약(身弱)하면 빈천(貧賤)하고 또 처가 엄격하며 여색을 즐기며 손재(損財)하기 쉽다. 또한 어머니와 일찍 이별한다.
- 월주(月柱)에 정재(正財)가 있으면 사회적으로 인망이 높으며 성격도

온 후 단정하다.

- 일지(日支) 또는 월주(月干)에 정재(正財)가 있으면 처 덕이 있고 근면하다. 정재(正財)가 정관(正官)과 가까이 있거나 정재(正財)가 식신(食神)과 가까이 있어도 현처를 얻어 처 덕이 있다.

- 정재(正財)는 지(支)에 있는 것이 좋고 더욱이 월지(月支)에 있는 것이 제일 길하다. 일지(日支)나 시지(時支)에 있는 것도 좋다. 또 월지(月支)에 정재(正財)가 있으면 명문가의 딸과 결혼한다.

- 정재(正財)와 겁재(劫財)가 같이 있으면 부친 덕이 없으며 화류계로 흐르기 쉽다.

- 여자(女子) 사주(四柱)에 정재(正財)가 많으면 빈천(貧賤)하고 정재(正財)와 정관(正官), 인수(印綬)가 있으면 재물은 많으나 색정가다.

- 정재(正財)가 시간(時干)에 있으면 처자가 길한데 성질이 급하고 자수성가한다.

- 신왕(身旺) 사주(四柱)에 정재(正財)가 있으면 처첩과 더불어 향락을 누리나 신약(身弱)이면 빈곤하며 고생이 많다.

(6) 편재(偏財) ★

남녀(男女) 간에 아버지로 본다. 남자(男子)는 첩과 처의 형제, 여자(女子)는 시모로 본다. 편재(偏財)의 운질(運質)은 성격이 청렴하고 결백하며 재물의 출납이 심하여 속성속패하여 대패한다는 것이다. 잘 벌기도 하고 잘 쓰기도 하며 재물은 있으나 그 대신 재화가 많다.

- 사주(四柱)에 편재偏財)가 너무 많으면 첩을 많이 얻는 경우도 있다.
- 연간(年干)과 연지(年支) 모두 편재(偏財)면 양자로 가는 수가 있고 연주(年柱)에 편재(偏財)가 있으면 조업을 물려받는다.
- 사주(四柱)에 편재(偏財)가 많으면 타향에서 성공하는데 사주(四柱)가 신약(身弱)이면 객지에서 고생한다.
- 시간(時干)에 편재(偏財)가 있고 사주(四柱)에 비겁(比劫)이나 겁재(劫財)가 있으면 패가하고 상처한다.
- 편재(偏財)가 왕성(旺盛)하고 신왕(身旺)이면 사업에 대성하고 발전하지만 신약(身弱)이면 빈곤하다.
- 여자(女子) 사주(四柱)에 편재(偏財)가 많으면 재복이 없고 쇠(衰)와 같이 있으면 남편과 일찍 사별한다.
- 편재(偏財)와 묘(墓)가 같이 있으면 부친과 일찍 헤어진다.
- 편재(偏財)와 비견(比肩)이 같이 있거나 편관(偏官)이 같이 있으면 여난을 당하고 부친 덕이 없다. 또한 천간(天干), 지지(地支)가 모두 편재(偏財)면 처 덕이 많다.

(7) 정관(正官) ★

남자(男子)는 자식(子息)과 조카들로 보고 또는 관록으로 보며 여자(女子)는 정식 남편 또는 조모로 본다. 그리고 벼슬로는 행정관으로 보면 운질(運質)의 특성은 인품이 단정하고 지혜와 재주가 있으며 자비심이 많고 사회에 명망이 있는 등의 길상을 나타내는 것이다. 그러나 정관(正官)이 너무 많으면 곤궁하고 여자(女子)는 여러 번 개가 한다.

- 여자(女子) 사주(四柱)에 정관(正官)과 인수(印綬)가 많으면 공방(空房) 살이를 한다.
- 정관(正官)이 합(合)이 되면 다정하고 정관(正官)과 역마(驛馬)가 같이 있으면 이동이 많다.
- 여자(女子) 사주(四柱)에 정관(正官)이 많으면 과부가 되거나 기생이 되고 목욕(沐浴)과 같이 있으면 남편이 바람을 피운다.
- 정관이 묘(墓), 사(死), 절(絶) 등과 같이 있으면 남편 덕이 없다.
- 사주(四柱)에 정관(正官)이 장생(長生)과 같이 있으면 훌륭한 남편을 얻는다. 재성(財星)과 같이 있어도 남편 덕이 많다.
- 정관(正官)이 있으면 인품이 단정하고 명랑하며 시주(時柱)에 정관 (正官)이 있으면 효자를 두며 말년에 복이 많다.
- 정관(正官)이 연주(年柱)에 있으면 장남 또는 가족의 후계자가 되며 초년부터 발달한다.
- 정관(正官)이 월지(月支)에 있고 인수(印綬)가 있으면 부귀하고 대운 (大運)에서 정관(正官) 운을 만나며 대귀(大貴)하게 된다.

(8) 편관(偏官) ★

대인관계에 있어 남자(男子)는 자식(子息), 조부(祖父), 사촌, 형제 등으로 보고 여자(女子)는 재가의 남편 또는 남편의 형제 등으로 보며 벼슬로는 무관(武官) 또는 사법관(司法官)으로 본다. 이 편관(偏官)은 칠살이라고도 하는데 운질로는 협기(俠氣), 횡폭(鉱暴), 완강(頑剛), 성급(性急), 고독(孤獨) 등의 흉성이 내포되어 있으나 식신(食神)등의 길성이 있으며, 대귀, 대부 또는 무관(武官) 등으로 두목의 위치를 차지한다.

- 사주(四柱)에 편관(偏官)과 식신(食神)이 있고 신왕(身旺)이면 대귀, 대부하는데 만일 신약(身弱)에 식신(食神)이 너무 많으면 도리어 빈곤하다. 또 시주(時柱)에 편관(偏官)이 있으면 성질이 강인하고 자식이 늦다.
- 편관(偏官)이 월주(月柱)에 양인(陽刃)과 같이 있으면 일찍 부모와 이별하고 연주(年柱)에 편관(偏官)이 있고 장남이면 부모에게 불리하다.
- 일지(日支)에 편관(偏官)이 있으면 총명(聰明)하나 성질이 급하고 편관(偏官)과 묘(墓)가 같이 있으면 근심이 많다.
- 여자(女子) 사주(四柱)에 편관(偏官)과 장생(長生)이 같이 있으면 남편덕이 있고 묘(墓)가 같이 있으면 상부하며 또는 무오(戊午), 병오(丙午), 임자(壬子) 일생에 편관이 있으면 남편과 이별하거나 첩이 있다.
- 여자(女子) 사주(四柱)에 편관(偏官)과 정관(正官)이 많으면 여러 번 개가하거나 화류계에 들어간다.
- 편관(偏官)과 괴강(魁罡), 양인(陽刃)이 같이 있으면 무관(武官)으로 크게 성공한다.
- 인수(印綬)와 편관(偏官)이 같이 있으면 큰 성공을 하며 뭇사람들의 두목이 된다.

(9) 인수(印綬) ★

대인관계에서 남자(男子)에게는 어머니 또는 장모로 보고 여자(女子)에게는 어머니와 사촌 형제들로 본다. 인수(印綬)의 운질은 재산의 풍부, 수복이 대길, 건강, 사업의 홍왕, 생활의 행복 등의 길상으로, 성격도 온후 다정하고 자비심이 있으며 인의(仁義)를 알고 사람됨이 총명하며 지혜와 학문의 출중함을 나타내는 길성이다.

- 인수(印綬)는 어머니를 의미하므로 사주(四柱)에 인수(印綬)가 너무 많으면 유모 또는 서모가 있었다는 것을 의미한다.
- 인수(印綬)가 년간(年干)에 있고 초년대운이 길하면 부모 덕이 많다.
- 인수(印綬)가 시주(時柱)에 있으면 재주가 있고 자식 복이 있으며 또 사주(四柱)에 인수(印綬)가 있고 관살(官殺)이 없으면 예술로 이름을 떨친다.
- 연간(年干)에 인수(印綬), 월간(月干)에 겁재(劫財)가 있고 인수(印綬)가 쇠(衰), 병(病), 사(死) 등과 같이 있으면 아우가 재산을 상속한다.
- 사주(四柱)에 인수(印綬)가 너무 많으면 남자(男子)는 처(妻)와 이별하며 자식이 적거나 불효하고 여자(女子)는 어머니와 이별하고 부부(夫婦) 이별수가 있다.
- 인수(印綬)와 식신(食神)이 동주하거나 편재(偏財)와 같이 있으면 사업이 번창하고 가정도 원만하며 타인의 존경을 받는다.
- 여자(女子)의 사주(四柱)에 인수(印綬)와 상관(傷官)과 양인(陽刃)이 같이 있으면 남편 또는 자식 덕이 없다.

- 여자(女子) 사주(四柱)에 인수(印綬)가 있고 정재(正財)가 너무 많으면 화류계에 들어가거나 음란하다.
- 여자(女子) 사주(四柱)에 인수(印綬)가 너무 많으면 일찍 과부가 되고 자식 덕도 없다.
- 인수(印綬)와 상관(傷官)이 같이 있으면 어머니와 사이가 나쁘다.
- 인수(印綬)가 관성(官星)과 같이 있으면 여자(女子)는 남편과 자식 복이 많고 남자는 크게 성공하여 이름을 떨친다.
- 여자(女子) 사주(四柱)에 관성(官星)이 약(弱)하고 인수(印綬)가 왕성(旺成)하면 남편 덕이 없다.

(10) 편인(偏印) ★

어머니를 의미하나 주로 서모, 이모, 계모 등으로 본다. 운질(運質) 좌괴의 운질(運質)로 파재(破材), 이별(離別), 병란(病亂), 고독(孤獨), 박명(薄命), 색란(色亂) 등의 복과 수를 해치는 흉운으로 작용한다. 성격은 변덕성과 권태증이 많아서 매사에 용두사미 격이 된다. 사주(四柱)에 편인(偏印)이 있는 사람은 의사(醫師), 학자(學者), 예술가(藝術家), 배우, 운명가 등의 편업에 종사하면 발전한다.

- 천지성(天地星)이 모두 편인(偏印)이거나 상관(傷官)과 같이 있으면 남편과 자식의 인연이 박하다.
- 사주(四柱)에 편인(偏印)이 많으면 재난이 많고 조별부모하여 처자와도 인연이 박하다.

- 사주(四柱)에 편인(偏印)이 쇠(衰), 병(病), 사(死), 절(絶), 묘(墓) 등과 같이 있으면 홀어머니와 이별하며 고생이 많고 편인(偏印)에 제왕(帝王)이 같이 있으면 계모로 인하여 고생이 많다.

- 월지(月支)에 편인(偏印)이 있고 식신(食神)이 있으면 신체가 허약하다. 월지(月支)에 편인(偏印)이 있는 사람은 이발사 운명과 배우, 의사, 예술가 등의 편업이 발전한다.

- 건록(建祿)과 편인(偏印)이 같이 있으면 부귀한 집안에 태어나 13세를 전후해서 부친과 이별하며 패가한다. 직업으로는 학자나 의사에 적합하다.

- 일지(日支)에 편인(偏印)이 있으면 결혼 운이 나쁘다.

- 사주(四柱)에 재성(財星)과 관성(官星)이 있고 편인(偏印)이 있으면 부귀한다.

제4장

용신(用神)과 격국론(格局論)

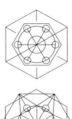

1. 용신(用神)이란

1) 용신(用神)이란 무엇인가?

사주(四柱)에는 일간(日干)이 중심(中心)이니 이 일간(日干)이 너무 강(强)해도 안 되며 너무 약(弱)해도 못쓰는 것이다. 약(弱)하면 일간(日干)을 생조(生造)하는 자가 용신(用神)이 되고 또 일간(日干)이 너무 왕성(旺盛)하면 그 왕성(旺盛)한 기운(機運)을 유출(流出)시키든가 제(制), 극(剋), 해(害)로써 조화시키는 자가 용신(用神)이 된다. 또는 사주(四柱)가 너무 냉습(冷濕)하거나 너무 건조(乾棗)해도 못쓰는데 냉습(冷濕)을 온난(溫暖)하게 하는 자 또는 건조(乾燥)한 것을 습(濕)하게 하는 자가 용신(用神)인 것이다. 따라서 이 용신(用神)을 찾는 방법은 여러 가지로 분류되어 있다. 우선 사주(四柱)의 일간(日干)이 강(强)한가 약(弱)한가를 알아야 한다. 다음과 같이 그 강약(强弱) 관계를 논한다.

2) 신약(身弱)과 신강(身强)

신약(身弱)이란 일간(日干)의 오행(五行)이 쇠약(衰弱)한 것을 말하는데, 이것을 신약(身弱) 사주(四柱)라고 하고 신약(身弱)이 되면 빈천(貧賤), 병약(病弱), 단명(短命) 등의 흉운(凶運)을 당하게 된다. 만일 일주(日柱)가 너무 강(强)하면 신강(身强)이라 하며 파산(破散), 쟁투(爭鬪), 극처(極處)하게 된다. 신약(身弱)과 신강(身强)의 구별은 다음과 같다.

- 출생(出生)한 생월(生月)의 오행(五行)이 일간(日干)의 오행(五行)을 생(生)하는 왕(旺)한 계절인가 또는 쇠약해지는 계절인가 살핀다.
- 일간(日干)의 오행(五行)을 사주(四柱)상 다른 오행(五行)이 생조(生造)해주는 자가 많으면 신왕(身旺)이며, 신약(身弱)은 다른 오행(五行)이 극해(剋害) 또는 그 기운을 누설(漏泄)시키는 자가 많으면 신약(身弱)이라.
- 일간(日干)이 지장간(地藏干) 속에 오행(五行)의 동기를 만나면 통근(通勤)하였다 하여 강(强)해진다. 종류는 여러 가지로 분류한다.
- 일간(日干)이 장생(長生), 제왕(帝旺), 건록(建祿) 등의 십이 운성을 만나면 득기(得氣)하여 강해지고 병(病), 사(死), 절(絶) 등을 만나면 설기(洩氣)하여 약(弱)해진다.
- 일간(日干)을 생조(生造)하는 자가 있을 때에 생조자의 힘이 간(干)과 지(支)에 따라 다르게 되는데 간(干)은 지(支)의 삼분의 일의 힘이 있고 월지(月支)는 간(干)의 세 배의 힘이 있다. 따라서 간(干) 셋의 힘과 월지(月支) 하나의 힘이 같다. 그러므로 생조자의 힘을 자세히 살펴야 한다. 대략 설명해서 위와 같은 방법으로 신약(身弱)과 신강(身强)을 구분하지만 용신(用神)은 격국(格局)에 따라 달라지며 종류는 여러 가지로 분류된다.

3) 용신(用神)과 희신(喜神), 기신(忌神)의 구별

- 용신(木): 일간을 돕는 것
- 희신(水): 용신을 생하는 것
- 기신(金): 용신을 해하는 것

- 구신(仇神)(土): 기신을 돕는 것
- 구신(救神)(火): 기신을 해하는 것, 한신(閑神)

2. 용신의 종류

용신을 정하는 것은 사주에 따라 여러 가지 방법과 종류가 있는데 대체적으로 다음과 같이 분류할 수 있다.

1) 억부용신(抑扶用神)

일주(日干)을 생조해주는 육신(六神)이 많아서 사주(四柱)가 신왕(身旺)해지면 이 기운을 제극(制剋) 또는 누출(漏出)시켜주는 육신(六神)이 용신(用神)이며, 일주(日柱)가 약(弱)하면 일주(日柱)를 생조하는 육신(六神)이 용신(用神)이 된다. 이 억부법이란 오행(五行)상 서로 생부(生父)하는 것과 억제하는 것을 말한다.

예시

己庚丙丁
未午午卯

2) 전왕용신(專旺用神)

사주(四柱)의 오행(五行)에서 전부 또는 대부분이 일색(一色) 오행(五行)으로 편중(偏重)되어 그 세력(勢力)이 태왕(泰旺)해서 억제(抑制)할 수 없을 때는 그 세력에 따르는 오행(五行)이 용신(用神)이 된다.

이런 것은 외격 중 종격(從格), 화격(化格) 등에 속한다.

乙甲乙癸
亥寅卯卯

3) 조후용신(調候用神)

사주에도 조후(調候) 관계를 논하는 것이 있다. 즉, 냉온(冷溫) 또는 난조(難燥)한 오행(五行)으로 사주팔자가 이루어진 것이 있다. 이것을 조후(調候) 사주(四柱)라고 하는데 이런 사주(四柱)는 냉습(冷濕)한 사주(四柱)이며 이를 온난(溫暖)케 하는 오행(五行)이 용신(用神)이 되고 건조(乾燥)한 사주(四柱)는 한습(寒濕)한 오행(五行)의 수금(水金)이 용신(用神)이 된다.

丙壬辛辛
午寅丑丑

4) 병약용신(病藥用神)

사주의 일주(日柱)를 도와주는 육신(六神)을 극해(剋害)하는 육신(六神)이 있게 되면 그것이 사주(四柱)의 병(病)이다. 따라서 이 병(病)을 다시 다른 육신(六神)이 억제(抑制)할 때 그 오행(五行)이 용신(用神)이 되는 것이다.

　己戊丁癸

　巳子卯亥

5) 통관용신(通關用神)

양대 세력(兩大勢力)이 서로 비슷하여 대립(代立)하고 있을 때 대립(代立)하는 두 육신(六神)을 오행상생(五行相生)의 원리에 의하여 소통(疏通)시키는 육신(六神)이 용신(用神)이 된다.

　丙丁丙丙

　寅亥子子

3. 격국(格局)

용신(用神) 외에 격(格)이 있는데 사주(四柱)를 그 간지(干支)에 의하여 구별하면 518,400가지나 된다. 그러나 이를 팔자(八字) 중 가장 작용력이 큰 월지(月支)를 중심으로 해서 구별해 보면 불과 십여 가지 유형으로 구분할 수 있다. 이 유형을 격(格)이라고 한다.

격(格)은 다음과 같은 방법으로 정한다.

- 월지(月支)의 정기(正氣)가 천간(天干)에 나타나 있으면 그것이 표시하는

육신(六神)에 의한다.

- 천간(天干)에 월지(月支)의 정기(正氣)가 나타나 있지 않으면 여기(餘氣)에 의하고, 중기(中氣)가 나타나 있으면 중기에 의한다.
- 월지(月支)의 지장간(支藏干)이 투출되어 있지 않거나 투출되어 있더라도 다른 육신(六神)에 의하여 파국(破局)되어 쓸모가 없으면 월지(月支)의 정기(正氣)가 표시하는 육신(六神)에 의한다. 이외에 외격에 속하는 사주는 월지(月支)의 여하를 불문하고 그 격에 따른다.

이와 같이 격은 사주(四柱) 중 오행(五行)의 태과(太過) 불급(不及)을 따지지 않고 다만 월지(月支)를 중심으로 해서 가장 그 기세가 왕성한 오행(五行)에 따라 명명한 것이다. 고로 격(格)은 간명법상 사주(四柱)를 분류하는 편의에 의하여 그 유형의 육신(六神)에 붙인 명칭에 불과한 것이다.

예시
___

壬戊癸甲

戌子亥午

1) 종격(從格)

종격(從格)이란 팔자(八字) 중에 전부 또는 대부분이 재(財), 관살(官殺), 식상(食傷) 인성(印性), 비겁(比劫) 등 어느 한 가지 오행(五行)이 독차지하고 있는 것인데 이것은 일주(日柱)를 중심하는 것이 아니라 팔자(八字) 중 그 대부분을 차지하고 있는 육신오행(六神五行)의 기세에 따르는 것이다. 따라서 그 기세에 따라 용신(用神)도 정해진다.

이와 같은 종격(從格)에도 종강격(從强格)이 있고 종왕격(從旺格)이 있으며 종세(從勢), 종아(從兒) 등 여러 가지로 분류한다.

(1) 종강격

종강격(從强格)은 사주(四柱)의 태반이 비겁(比劫) 또는 인성(印星)으로 되어 있는 것을 말한다. 인성(印星)이 많은 것을 종강(從强)이라 하고 비겁(比劫)이 많은 것을 종왕(從旺)이라고 한다. 이 종강격(從强格), 종왕격(從旺格)은 그 기세에 따르는 인성(印星) 또는 비겁(比劫) 운을 만나면 대길(大吉)하고 이를 극(剋)하는 관(官) 운을 만나면 불길하다. 또 식상(食傷) 운은 팔자(八字)의 대부분이 비겁(比劫)으로 되어 있을 때는 무방하나 인성(印星)으로 되어 있을 때는 불길하다.

예시

乙甲癸壬

亥寅卯寅

(2) 종재격(從財格)

종재격(從財格)은 사주(四柱)의 대부분 또는 전부가 재성(財性)으로 되어 있는 것을 말한다.

이런 격(格)은 재(財)나 관살(官殺) 운을 만나면 길하나 인성(印星)운 또는 비겁(比劫) 운을 만나면 대흉(大凶)하다. 그러나 식상(食傷) 운을 만나는 것은 대길하다.

이 종재격(從財格)은 사주(四柱) 또는 대운(大運)에 식상(食傷)이 있으면 대성하여 일생을 통하여 큰 흉액을 당하지 않는다. 그러나 사주(四柱)에 식상(食傷)이 없을 때 비겁(比劫) 운을 만나면 대흉(大凶)하다. 종재격(從財格)에 식상(食傷)이 없으면 학업(學業)에 취미가 없으며 대개 편친 슬하에 자라게 된다.

甲癸丙壬
寅巳午午

(3) 종관살격(從官殺格)

종관살격(從官殺格)은 팔자(八字)의 대부분 또는 전부가 관살(官殺)로 이루어진 것이다.

이런 격(格)은 인성(印星)과 비겁(比劫)이 있거나 그런 운을 만나면 대흉(大凶)하고 재(財)나 관살(官殺)운을 만나면 대길(大吉)하다. 또한 식상(食傷) 운도 불길하다.

庚丁壬壬
子酉子子

(4) 종세격(從勢格)

사주(四柱) 중에 재(財), 관(官), 식상(食傷)이 똑같이 있고 그 세력이 왕성하여 인성(印星) 또는 비겁(比劫)이 없거나 한두 개 있어도 극히 미약한 것을 종세격(從勢格)이라고 한다, 위의 삼자를 구별할 수 없는 것인데 만약 어느 한 세력이 강하면 그 세력에 따르는 격이 된다. 이런 류의 사주(四柱)는 재(財) 운, 관살(官殺) 운, 식상(食傷) 운 등을 만나야 길하며 인성(印星) 또는 비겁(比劫) 운은 불길하다.

예시

甲癸壬丙
寅巳辰戌

(5) 종아격(從兒格)

사주팔자(四柱八字)의 대부분 또는 전부가 식상(食傷)으로 되어 있는 것을 종아격(從兒格)이라 한다.

이런 사주(四柱)는 재(財)가 있거나 재(財) 운을 만나면 대부(大富)하는데 인성(印星) 또는 관살(官殺), 비겁(比劫) 등이 있거나 그런 운을 만나면 대흉(大凶)하다. 종아격(從兒格)은 그 인품이 총명하고 학업이 탁월하다.

예시

甲壬乙甲
辰寅卯寅

(6) 가종격(假從格)

가종격(假從格)은 천간(天干)에 한두 개의 인성 및 비겁이 있거나 지지에 한 개의 인성 또는 비겁이 있고 나머지는 식상 또는 관살, 재성으로 되어 있어서 인성 및 비겁을 파극(破剋)하는 사주(四柱)를 말한다. 이것은 종격과 같은 법칙에 의한다. 종격은 종강운을 제외하고는 모두 일주(일간)가 극히 약하다.

예시

丙壬甲戊
午戌寅辰

2) 화격(化格)

(1) 갑기합토(甲己合土) 화격(化格)

갑일(甲日) 생인 사주(四柱)에서 천간(天干)에 단 하나의 기(己)를 만난 자. 기일(己日) 생인 사람이 단 하나의 갑(甲)을 만난 자. 진술축미(辰戌丑未) 월(月)에 출생하는 사주(四柱)에 목(木)이 없으면 토화격(土化格)이 되고 토(土)를 용신(用神)으로 삼으니 화토금(火土金) 운으로 가면 대성하고 목수(木水) 운으로 가면 불길하다.

예시

甲己丙戊
戌丑辰辰

★ 갑기합(甲己合)은 그 분수를 지키고 마음이 넓어 타인과 다투지 아니하고 존경을 받는다. 드물게 의무를 지키지 아니하며 간지(奸智)에만 능하고 박정(薄情)한 사람도 이다. 특히 갑일(甲日) 생(生)으로 기(己)의 간합(干合)이 있는 자는 신의는 있으나 지능이 부족하고 기일(己日) 생(生)으로 갑(甲)의 합(合)은 신의(信義)가 없고 목소리가 탁하고 코가 낮은 것이 특징이다.

(2) 을경합금(乙庚合金) 화격(化格)

을일(乙日) 생(生)인 사람이 천간(天干)에 단 하나의 경(庚)을 만난 자, 경일(庚日) 생인이 단 하나의 을(乙)을 만난 자가 신축(辛丑) 월에 출생하고 술(戌)을 파괴하는 화(火)가 없으면 금화격(金化格)이다. 금(金)을 용신(用神)으로 삼으니 토금수(土金水) 운으로 가면 길하고 화목(火木) 운은 불길하다.

예시

乙庚辛癸
酉申酉丑

★ 을경합(乙庚合)은 과감(果敢), 강직(强直)하며 신의(信義)가 두텁다. 그러나 편관(偏官)이나 사(死), 절(絶)이 있으면 용감(勇敢)하나 천한 경향이 있다. 을일(乙日) 생(生)에 경(庚)에 합(合)은 예의(禮義)에 소홀(疏忽)하며 결단성이 부족하다. 경일(庚日) 생(生)에 을(乙)에 합(合)은 자비심이 없고 의로운 일만 과장하고 치아(齒牙)가 튼튼하지 않은 것

이 특징이다.

(3) 병신합수(丙辛合水) 화격(化格)

병일(丙日) 생인이 천간에 단 하나의 신(辛)을 만난 자, 신일(辛日) 생인
이 단 하나의 병(丙)을 만나고 해자(亥子) 월에 출생하고 사주(四柱)에
토가 없으면 수화격(水化格)이 되고 수(水)로 용신을 삼으니 수금목(水
金木) 운으로 가면 길하고 토화(土火) 운으로 가면 불길하다.

예시

壬辛丙甲

辰酉子申

★ 병신(丙辛)의 합(合)은 의표에 위엄(威嚴)이 있으나 비굴한 경향이 있
고 잔인하고 색(色)을 좋아한다. 병일(丙日) 생(生)에 신(辛) 합(合)을
보면 지혜(知慧)는 남보다 뛰어나나 사모를 잘 쓰고 예의(禮意)문란
하고 신일(辛日) 생(生)에 병(丙) 합(合)은 대망을 품지 못한다.

(4) 정임합목(丁壬合木) 화격(化格)

정일(丁日) 생인이 천간(天干)에 단 하나의 임(壬)을 만난 자, 임일(壬日)
생(生)이 단 하나의 정(丁)을 만난 자. 인묘(寅卯) 월에 출생하고 목(木)
을 극(剋)하는 생(生)이 없으면 목화격(木火格)이고 목(木)을 용신(用身)
으로 삼으며 목수화(木水火) 운으로 가면 성공하고 금토(金土) 운으로

가면 풍파가 많다.

丙壬丁甲

午寅卯子

★ 정임합(丁壬合)은 감정에 빠지기 쉽고 색(色)을 좋아하며 고결하지
못하고 반길(半吉) 반흉(半凶)이다. 정일(丁日) 생(生)에 임(壬) 합(合)은
소심하고 질투심이 강하며 몸이 마르고 키가 크다.
임일(壬日) 생(生)에 정(丁) 합(合)은 성실이 비굴하고 노하기 잘하고
신의(信義)가 없고 몸집이 크다.

(5) 무계합화(戊癸合火) 화격(化格)

무일(戊日) 생인이 사주천간(四柱天干)에 단 하나의 계(癸)를 만난 자,
계일(癸日) 생인이 단 하나의 무(戊)를 만난 자가 사오(巳午) 월에 출생
하고 화(火)를 극(剋)하는 수(水)가 없으면 화화격(火化格)이고 화(火)를
용신(用神)으로 삼으니 화목토(火木土) 운으로 가면 길하고 수금(水金)
운으로 가면 풍파가 많다.

丙癸戊己

午卯午巳

★ 무계합(戊癸合)은 용모(容貌)가 아름다우나 박정(薄情)하다. 남자(男

子)는 평생(平生) 정식 결혼(結婚)하지 않는 자가 많고 여자(女子)는 미남(美男)과 결혼(結婚)한다. 무일(戊日) 생(生)에 계합(癸合)은 총명(聰明)하고 다정한 듯 하나 내심(內心)은 무정(無情)하고 얼굴이 붉다. 유(有) 계일(癸日) 생(生)에 무합(戊合)은 지능(知能)이 낮고 질투심이 강(强)하며 하는 일이 시작뿐이다. 남자(男子)는 연상의 여자(女子)와, 여자(女子)는 늙은 남자(男子)와 결혼(結婚)한다.

4. 일행득기격(一行得氣格)

1) 인수곡직격(仁壽曲直格)

갑을일(甲乙日) 생(生)이 사주(四柱)에 월지(月支)를 포함하여 해묘미(亥卯未)인 것. 또는 인묘진(寅卯辰) 목(木)이 있고 금(金)이 없으며 인수곡직격(仁壽曲直格)이라고 하면 용신(用神)을 목(木)으로 삼으니 목수화(木水火) 운으로 가면 발전하고 금토(金土) 운으로 가면 만사가 불길하다.

예시
───────────────────────────

　　己乙甲戊
　　卯卯寅辰

2) 염상격(炎上格)

병정일(丙丁日) 생인이 사주(四柱)에 월지(月支)를 포함하여 인오술(寅午戌)

또는 사오미(巳午未)가 있고 수(水)가 없으면 염상격(炎上格)으로, 용신(用神)을 화(火)로 삼으니 화목토(火木土) 운으로 가면 길하고 수금(水金) 운으로 가면 대흉하다.

예시

甲丙乙丁
午戌巳未

3) 가색격(稼穡格)

무기일(戊己日) 생인이 사주(四柱) 중에 월지(月支)를 포함하여 진술축미(辰戌丑未)한 것을 말하며 목(木)이 없으면 가색 격(稼穡格)이고 토(土)를 용신(用神)으로 삼으니 토화금(土火金) 운으로 가면 발전하고 목수(木水) 운으로 가면 대흉(大凶)하다.

예시

己戊辛己
未辰未丑

4) 종혁격(從革格)

경신(庚申日) 생(生)이 사주(四柱)에 월지(月支)를 포함하여 사유축(巳酉丑) 또는 신유술(申酉戌)이 있고 화(火)가 없으면 종혁격(從革格)이고 용신(用神)을 금(金)으로 삼으니 금토수(金土水) 운으로 가면 대길하고 화목(火木) 운으로 가면 대흉(大凶)하다.

乙庚庚癸

酉戌申酉

5) 윤하격(潤下格)

임계(壬癸日) 생인이 월지를 포함하여 해자축(亥子丑) 또는 신자진(申子辰)
이 있고 토(土)가 없으면 윤하격(潤下格)이다. 용신(用神)을 수(水)로 삼으
니 수금목(水金木) 운으로 가면 대길(大吉)하고 토화(土火) 운으로 가면
대흉(大凶)하다.

壬癸辛壬

子丑亥子

6) 양신성상격(兩神成象格)

양신성상격(兩神成象格)은 토금(土金), 금수(金水), 목화(木火), 화토(火土), 수
목(水木) 등으로 상생(相生)하는 간지가 두 개씩 사주(四柱)의 양 간지(干
支)를 각각 차지하고 있는 것을 말한다. 양신성상격(兩神成象格)은 종강
격(從强格)과 같은 방법으로 본다. 즉, 목화(木火)의 양신성상격(兩神成象
格)이라면 목화(木火) 운은 가장 길하나 이와 상충하는 토금(土金) 운은
불길하다.

乙甲乙甲

巳午巳午

5. 기반(羈絆)

　기반(羈絆)이란 사주(四柱)에 간합(干合)하여 희신(喜神) 또는 기신(忌神)으로 화(化)하지 못하고 간합(干合)된 두 간(干) 중 음간(陰干)이 작용을 못하게 되는 것을 말한다. 간합(干合)이 길신(吉神)으로 화(化)하면 명리(名利)가 좋고 기신(忌神)으로 화(化)하면 재해가 속출한다. 용신(用神)이 기반되면 평생 성공을 못한다.

辛丙癸丁

卯戌卯丑

　★ 화격(化格)은 지혜롭고 종격(從格)은 선량하다.

6. 십이운성(十二運性)의 통변(通辯)

1) 장생(長生)

- 년(年): 선대(先代)에 발달하였고
- 월(月): 부모(父母)대에 영화요.
- 일(日): 부부(夫婦)가 화합하고 처 덕이 있으며 부모 덕도 있고 언행(言行)이 온화(溫和)하여 비견(比肩)이 장생(長生)이면 형제 덕도 있고 인성(印性)이 장생(長生)이면 부모 덕이 크며 정관(正官)이 장생이면 남편과 자식 덕이 있다. 단 무인일(戊寅日) 정유일(丁酉日) 생은 복분(福分)이 없다. 여명(女命)에 장생(長生)이 있고 파해(破害)가 없으면 일생 행복(幸福)하게 지내며 선량(善良)한 자녀(子女)를 두고 말년(末年)에 평안(平安)하게 지낸다. 병인일(丙寅日)이나 임일(壬日) 생(生) 여자(女子)는 비록 박학수재하나 남편 덕이 없고 신세를 자탄함이 있게 된다.
- 시(時): 자손(子孫)이 영달(榮達)하고 그의 가운(家運)을 빛낸다.

2) 목욕(沐浴)

- 년(年): 선대(先代)에 주색(酒色)으로 인하여 재산탕진하였다. 편재(偏財)가 목욕(沐浴)이면 아버지가 여러 번 실패하였고 인수가 목욕(沐浴)이면 어머니가 풍류인이며 정관이 목욕(沐浴)이면 기생(妓生)이나 첩(妾)의 팔자다.
- 월(月): 이복형제(異腹兄弟)가 있거나 장자(長子)의 손실이 있게 된다.

- 일(日): 부모(父母)의 재산(財産)을 계승(繼承)하기 어렵고 조별모친하거나 형제, 친척에 원만하지 못하며 사치 또는 색정이 있고 풍파가 많다. 타도(他道)나 타국(他國)에 살아보게 된다. 단, 을사일(乙巳日) 생(生)은 군자의 덕으로 세인의 존경을 받게 된다. 그러나 재복은 박하여 부하기는 어렵다. 만약 부(富)하게 되면 신상(身上)에 불길하여 병신(病身)이 되기 쉬우며 일부종사 못한다. 여명(女命)은 일월(日月)에 목욕(沐浴)이 있으면 남편에 대한 불평불만이 많고 그로 인하여 이혼하기 쉬우며 남자가 일월(日月)에 목욕(沐浴)이 있으면 양자의 인연(因緣)이 두텁다.
- 시(時): 자손(子孫)과 이별(離別) 또는 처궁(妻宮)에 변화가 있어 제이가산(第二家産)을 창설함이 있게 된다.

3) 관대(冠帶)

- 년(年): 선대(先代)에 예의(禮意) 가문이며 안일(安逸)한 생활이 있었다.
- 월(月): 부모(父母), 형제(兄弟) 발달하여 사회에 이름을 떨친다.
- 일(日): 용모(容貌)가 단정하고 두뇌(頭腦)가 좋으며 실력(實力)이 왕성(旺盛)하고 조숙하며 발달이 빠르다. 부부(夫婦) 간에 좋은 인연(因緣)을 만나기가 어렵고 용기는 있으나 지모(智謀)가 부족하므로 모사는 서툴다. 주거의 변동(變動)이 많고 직업(職業)에도 변화(變化)가 많다. 임술일(壬戌日), 계축일(癸丑日) 여자(女子)는 부군(夫君)에 흉사(凶死)함이 있을 수 있으나 나이 많은 사람과 결혼(結婚)하면 무방(無妨)하다.
- 시(時): 자손(子孫)이 발달한다.

4) 건록(建祿)

- 년(年): 선대(先代)에 발달하고 아버지가 자수성가한다.
- 월(月): 부모(父母), 형제(兄弟) 발달하고 자립성가한다.
- 일(日): 의리(義理)가 강(强)하고 건실(健實)하며 두뇌(頭腦)가 좋아서 자신 감이 충만하다. 지나치게 과신한 나머지 좋은 기회를 놓치기 쉽고 남의 간섭을 배척(排斥)하고 정신적으로 고독(孤獨)하며 내향성(内向性)인 성격(性格)이다. 여자(女子)는 남편 덕이 적고 자신이 자립경제하는 격이니 결혼 후에도 직업을 갖는다. 여명(女命)은 불길인데 특히 갑인일(甲寅日) 경신(庚申日), 을묘일(乙卯日) 생(生)은 재혼 또는 독수공방하는 수가 많다.
- 시(時): 부귀(富貴)하고 자식(子息)이 행복(幸福)하게 살아간다.

5) 제왕(帝旺)

- 년(年): 자비심(慈悲心)이 풍부하고 선대(先代)에 부귀(富貴)로서 품기 있는 가문이다.
- 월(月): 부모(父母), 형제(兄弟) 발달하고 장남(長男) 출신(出身)이 드물고 장남(長男)이라도 일찍 생가를 떠나며 어머니와의 인연이 박하다.
- 일(日): 천상천하(天上天下) 유아독존(唯我獨尊)이며 자존심(自尊心)이 강(强)하고 아무리 괴로워도 약(弱)한 소리를 하지 않는다. 의지가 강(强)하고 남의 신세를 지는 것을 싫어하고 누구에게도 소속되지 않는 자유분방한 생활을 즐기며 적(的)을 만들기 쉽다. 그러나 관성(官性)을

만나거나 수양(修養)한 수도인(修道人)은 동정심(同情心)이 강하여 오히려 세인의 존경을 받는다. 남자(男子)가 다같이 부모(父母)를 떠나 성공하고 운세가 강(强)하고 사회적(社會的)으로는 성공(成公)하나 가정적(家庭的)으로는 고독(孤獨)하다. 여명(女命)에는 병오일(丙午日), 정사일(丁巳日), 무오일(戊午日), 기사일(己巳日), 임자일(壬子日), 계해일(癸亥日) 생(生)은 모두 부부 궁(宮)이 불리하며 수심과 탄식으로 눈물을 짓고 살아간다.

- 시(時): 부귀자손(富貴子孫)으로 가문을 빛내게 되며 부도(婦道)에는 대기(大忌)하여 관살(官殺)이 약(弱)하면 자기(自己) 신상(身上)에 있어 병신(病身)으로 신음함이 있다.

6) 쇠(衰)

- 년(年): 선대(先代)에 가산이 몰락하고 가운(家運)이 기울어질 때 태어난 것이요, 가정에 성실하나 사회적(社會的)으로 무능(無能)한 사람이 되기 쉽다.
- 월(月): 부모대(父母代)에 재산(財産) 손실(損失)하였고 타고나면서부터 기가 허약하므로 남의 일이나 보증관계(保證關係)로 파산실패(破産失敗)하기 쉽다.
- 일(日): 성질(性質)은 온순(溫順)한 반면에 박력이 없어 자기(自己) 주체의식(主體意識)이 미약하며 남의 꼬임수에 잘 빠져 불의에 손실을 보게 된다. 여명(女命)은 정숙하고 현모양처(賢母良妻)지만 남모르는 고생이 많고 특히 갑진일(甲辰日), 을축일(乙丑日), 경술일(庚戌日), 신미일(辛未日) 생(生)은 부부해로(夫婦偕老)하기가 어렵다.

- 시(時): 자손이 불길하다.

7) 병(病)

- 년(年): 선대에 병약(病弱) 또는 곤궁(困窮)하였고 초년(初年)에 건강(健康)
  하지 못하고 월(月)이나 일주(一柱)에 병(病)이 같이 있으면 양친(兩親)
  중 한쪽을 조실부모(早失父母)하거나 떠나게 된다.
- 월(月): 부모대(父母代)에 가난과 고민이 있을 때 자신이 출생하였고 타
  고난 질병으로 건강하지 못하며 일월(日月)에 병(病)이 같이 있으면 청
  장년 시절에 병(病)이 많고 겉으로는 태연하지만 속으로는 근심걱정
  이 많고 비관도 잘하며 결단력과 실행력이 부족하다.
- 일(日): 어릴 때 병약(病弱) 체질이고 또 큰 병(病)을 앓아봄이 있게 된
  다. 무신일(戊申日), 병신일(丙申日), 임인일(壬寅日) 생(生)은 진취성은 있으
  나 지속성이 없다. 여명(女命)은 비록 온순하나 중년에 남편을 이별하
  거나 가운이 쇠퇴하여 곤궁에 많이 빠지고 남편에게 버림받아 불행
  (不幸)하게 되는데 그중에서도 무신일(戊申日), 계유일(癸酉日) 생(生)의
  여자(女子)는 더욱 심하다.
- 시(時): 자손(子孫)이 병(病)에 신음함이 많아 그로 이하여 괴로움을 당
  한다.

8) 사(死)

- 년(年): 선대(先代)의 덕이 없다.

- 월(月): 형제(兄弟)와 인연(因緣)이 희박하다.
- 일(日): 어릴 때에 큰 병(病)으로 고생(苦生)하고 부모(父母)와 이별(離別)함이 있으며 장성한 뒤에 처(妻)가 병약(病弱)하거나 부부생사이별(夫婦生死離別) 등 노고가 부절하다. 비겁(比劫)이나 겁재(劫財)가 사(死)와 동주하면 독자가 되기 쉽다. 자녀를 낳는데도 아들이면 아들만 딸이면 딸만 편생(偏生)한다. 여명(女命)은 부부(夫婦) 인연(因緣)이 없어 남편과 이별하고 재혼하는 수가 많으며 원만한 성격이 못된다.
- 시(時): 처자(妻子)의 인연(因緣)이 박하다.

9) 묘(墓)

- 년(年): 장남(長男)이 아니라도 선조의 분묘(墳墓)를 모시게 된다.
- 월(月): 형제불화(兄弟不和) 또는 이별(離別)하게 되는 것인데 생일과 충(冲)이 있으면 부가(富家)에 있으며 득재하게 된다.
- 일(日): 사회를 모르는 견실(堅實)하고 소박하고 소탈한 인생이다. 철학(哲學)이 있으므로 연구가나 종교가에서 노력형이다. 기획성과 탐구심이 풍부하고 활동적이지 않으므로 낭비를 하지 않는 절약가로, 물질보다 정신적으로 즐기며 화려하지도 않다.
- 시(時): 자손(子孫)으로 인하여 수심(愁心)이 끊일 날이 없다.

10) 절(絶)

- 년(年): 부모(父母)와 일찍 이별하고 선대(先代)에 양자 또는 서자가 되

기 쉽다.

- 월(月): 사회와 고립되고 대인관계의 융화가 잘 되지 않아 손실이 많다.
- 일(日): 항상 변동(變動)을 좋아한다. 무계획적이고 갑작스러운 변동(變動)을 즐기므로 남의 신임을 받기 어렵고 늘 새로운 것을 즐기는 호별성 때문에 결혼(結婚) 후에도 가정(家庭)에 불만이 많다. 이혼하게 되며 가정 운이 불길(不吉)하다. 여명(女命)은 결혼(結婚) 전에 정조를 잃기 쉽다. 특히 갑신일(甲申日) 생(生) 여명(女命)은 남편 궁이 불리하여 늦게 결혼(結婚)하는 것이 좋고 갑신일(甲申日), 신묘일(辛卯日) 생(生)은 무기의 성질을 가지게 되기 쉽다. 여자(女子)는 대체로 늦게 결혼(結婚)하는 것이 좋다.
- 시(時): 자손(子孫)에 근심이 많다.

11) 태(胎)

- 년(年): 선대(先代)에 유업(遺業)이 발달하였다.
- 월(月): 고독하고 부모대(父母代)에 변동이 많았다.
- 일(日): 남녀(男女) 모두 어릴 때 병약(病弱)하여 죽을 고비를 넘기지만 중년에 건강(健康)하게 되고 직업을 자주 바꾼다. 병자일(丙子日), 기해일(己亥日) 생(生) 여자(女子)는 차츰 남편이 하는 일에 막힘이 많다. 또는 부부 불화(不和)하여 별거하게 되며 심하면 부부(夫婦) 궁(宮)이 두세 번 바뀌게 된다.
- 시(時): 아들이 물려주는 재산을 계승하기 어렵다.

12) 양(養)

- 년(年): 부친(父親)이 양자라든가 자신이 양자가 되기 쉽고 그렇지 않으면 타부모(他父母)를 모셔본다.
- 월(月): 주색(酒色)으로 재산탕진수가 있다.
- 일(日): 어릴 때 부모 이외의 사람에게 양육(養育)되어 볼 수 있다. 호색가(好色家)로서 재취(再娶)하여 봄이 있고 교제도 잘하는 팔방미인(八方美人)이다.
- 시(時): 말년(末年)에 자손(子孫)의 효양(孝養)을 받게 된다.

★ 여기까지는 십이운성 통변으로 본 것이다.

7. 육신별(六神別) 통변(通辯)

1) 비견(比肩)

비견(比肩)은 독립(獨立), 파재(破災)의 신(神)으로서 사주(四柱)가 약(弱)할 때는 자신(自身)을 도와 길(吉)하나 신왕(身旺)에는 파재(破災), 파멸(破滅) 등의 흉성(凶星)이다. 정신적(精神的) 고통(苦痛)을 겪게 되거나 형제, 친척, 친우 간의 경제적인 문제로 갈등이 생기고 사업의 시작, 확장(擴張), 동업(同業)을 의미하는데 신약(身弱)에는 길(吉)하고 신강(身强)에는 불길(不吉)하다.

2) 겁재(劫財)

대체적으로 비견(比肩)과 같은데 정도가 비견(比肩)보다 강하게 나타나고 손재 사기를 당하는 흉운이다. 여자(女子)는 신강(身強) 사주(四柱)에 비겁(比劫) 운을 만나면 부부불화(夫婦不和)하여 이혼하는 수가 많다.

3) 식신(食神)

식신(食神) 운은 자녀(子女) 능력(能力) 총동원하여 노력하는 운인데 신왕(身旺) 사주(四柱)는 아랫사람의 도움을 받아 발전하고 신약자(身弱者)는 아랫사람으로 인한 고통(苦痛)과 말썽이 생긴다. 건강(健康)도 불리해지는 흉운이다. 특히 남자는 직업 운이 나쁘고 여자(女子)는 부부(夫婦) 관계가 나빠진다. 신왕 사주(四柱)의 여명은 임신하는 수가 많다(젊은 여성).

4) 상관(傷官)

상관이 길성(吉星)이 되는 사주(四柱)에는 상관(傷官) 운을 만나면 발복(發福)하고 우수한 재능을 발휘하여 학술, 기예 면에 비약적인 성공을 하게 된다.
그러나 여명(女命)에는 상관(傷官)이 아무리 원활할 때라도 남편과의 관계나 남편의 신상(身上)에 불행(不幸)이 닥쳐온다. 상관(傷官)이 기신(忌神)이면 명예와 지위를 손상하고 실업(失業), 패업(敗業), 좌천(左遷), 주거 이전, 가족과의 이별 등의 고통이 따른다. 또는 자손과 아랫사람으로 인한 고통(苦痛)이 따른다. 대체로 지출(持出)이 많이 생긴다.

5) 편재(偏財)

자본(資本) 투자하여 일확천금(一攫千金)을 꿈꾸는 해인데 신왕 자는 경제적으로 발전하고 신약자(身弱者)는 금전취급만 많고 금전 손해가 많다. 신약 자는 여자(女子)로 인한 고통과 과로로 건강(健康)도 나빠진다.

6) 정재(正財)

신왕자(身旺者)는 공업(功業), 상업(商業), 주식(株式) 등에 발전한다. 신약자(身弱者)는 처(妻)와 경제적인 문제로 고통이 따르며 대체적으로 편재(偏財)의 작용과 같다.

7) 편관(偏官)

신왕자(身旺者)는 승진, 사업의 급성장 등 모든 면에 활기를 띠고 신약자(身弱者)는 매사에 비난(非難), 박해(迫害) 공격(公格)을 받고 질병, 조난, 사고, 손해 등 모든 일에 재앙이 따른다. 특히 여자(女子)는 남자관계로 구설수가 따른다.

8) 정관(正官)

신왕자(身旺者)는 명예와 지위가 올라가고 사회적으로 발전하여 자식(子息)이 개운(開運)하고 사업도 크게 성공한다. 신약자(身弱者)는 이상의 모든 면에 흉성으로 작용하지만 사주(四柱)에 인수(印綬)가 있으면 흉(凶)이 길(吉)로 변하여 발전하고 여명(女命)은 결혼을 하게 된다. 또는 관살(官殺) 혼잡한 사주(四柱)에 관(官)이 들어오면 남자(男子)로 인하여 구설수가 있게 된다.

9) 편인(偏印)

사업이 불길하거나, 가정의 우환 또는 사망(死亡)이 있을 수 있고 정신적으로 고통이 따르는 흉운이다. 그러나 신약자(身弱者)는 의외로 수상인의 도움을 받아 즐거움을 받는 일이 종종 있다.

10) 인수(印綬)

인수(印綬)가 희신(喜神)인 사주(四柱)는 인수(印綬) 운을 만나면 문서 계약, 어음 모든 면에 길운(吉運)이 되지만 인성(印綬)이 기신(忌神)인 경우에는 위의 모든 일에 불길(不吉)하며 여자(女子)는 이혼하는 수도 있다.

★ 이상은 육신으로 인한 통변이다.

제5장

오행, 육신에 의한 성격 판단

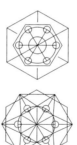

1. 오행에 의한 성격 판단

1) 목(木)

성질이 인자하여 측은지심이 있다. 태과하면 마음이 어질지 못하고 질투심이 있으며 변덕스럽고 마음이 잘다. 불급하면 심화가 부정하고 하는 일에 절도가 없으며 인색하다.

★ 목(木)이 세 개 이상이면 여자는 '성장의욕'이 '강'하며, 하고자 하는 일은 많으나 현실에 맞지 않으므로 정신질환이 따른다. 발전적인 의욕과 용감성이 있다. 여자가 따르고 리더십이 강하며 쉴 그늘이 있다.

★ 목(木)이 없으면 의식주에 어려움이 많고 발전적 의욕이 미약하다. 타인의 지배에서 헤어나지 못하고 뚜렷한 목적이 없으며 매사에 빈곤하기 쉽다.

2) 화(火)

예의 바르고 성격이 민속하고 언변도 빠르며 명랑하고 화려한 것을 좋아하다. 태과하면 성격이 조급하고 불급하면 잔재주가 능하고 예의 바르고 언변이 좋으나 결단심이 부족하다.

★ 화(火)가 세 개 이상 있으면 종신병유(身病多有), 애정, 온도, 계절, 폐허, 생성이다. 열기는 열로서 정열을 태우니 과열이 우환이며 화근이 병을 유발시킨다.

★ 화(火)가 없으면 남녀 결합 시 애정결함으로 부부사이가 길게 연속
되지 못하고 자식에게도 냉정하다. 대인관계도 길게 가지 못하며
이혼율이 높고 화목하지 못하다.

3) 토(土)

신의와 충성심, 효성이 있고 중후하여 정상을 좋아한다. 태과하면 고
집불통으로 사리 판단이 현명하지 못하고 박하다. 불급하면 매사 온
당치 못하고 타인과 싸우기를 좋아하며 인색하고 괴벽스럽다.

★ 토(土)가 세 개면 천복성(天福星)이라 하여 인간관계도 부드럽다. 세
개 이상이면 미련하고 우직스럽다. 토(土)는 재력으로 논하니 재물
과 땅으로 본다.

★ 토(土)가 없으면 주택으로 인한 어려움이 있고 자신의 토대가 되어
있지 않아 더부살이 할 수 있는 팔자이며 돈을 모아도 자신의 것이
되지 못한다.

4) 금(金)

명예와 의리에 용감하고 위엄이 있으며 결단심이 있다. 태과하면 욕심
이 많고 잔인하며 용감하나 무모하다. 불급하면 생각은 많으나 결단심
이 없으며 시비를 좋아한다.

★ 금(金)이 세 개 이상이면 인물이 특수하고 반석, 즉 기초가 단단하
다. 인물이 강직하며 유대관계가 원만하다. 과하면 까다롭고 권모

술수에 능하다.

★ 금(金)이 없으면 유대관계도 어렵고 인덕이 없다. 기초가 빈곤하여 매사에 완성되지 못하고 사기를 잘 당한다. 방어능력이 부족하다.

5) 수(水)

총명하고 계교가 깊다. 태과하면 의지가 약하고 움직임을 좋아하고 다능하지만 호색가이다 불급하면 용기가 없으며 총명하지 못하며 인덕이 없다.

★ 수(水)가 세 개 이상이면 음란하고 수다스러우며 혁명적 변혁을 잘한다. 변동을 잘한다. 섹스와 연관된 문단형.

★ 수(水)가 없으면 고향과 부부이별, 정서부족, 갈등, 번민 속에서 있게 된다. 고지식하고 융통성도 없으며 변동 운이 미약하여 원 고향에서 오래 머물지 못하고 물을 찾아 헤매게 된다. 피부가 거친 것이 특성이다.

2. 육신(六神)과 오행(五行)에 의한 성격 판단

• 비견(比肩)이 용신(用神)이면 온전하고 화평하다. 많으면 자존심이 강하고 비사교적이다.

• 겁재(劫財)가 용신(用神)이면 성질이 솔직하고 가식이 없다. 많으면 인격이 졸렬하고 겉으로는 유음을 가장한다. 재심은 사악한 사람이다.

- 식신(食神)이 용신(用神)이면 성질이 온후하고 명랑하가 없으면 분발심이 없고 발전성이 없다.
- 상관(傷官)이 용신(用神)이면 다재다능하고 행동이 민첩하다. 자존심이 강하고 많으면 교만하지만 숨기는 것이 없으며 말이 많다.
- 편재(偏財)가 용신(用神)이면 매사에 민첩하고 기교가 있으면서도 빈틈이 없다. 많으면 안일에 빠지기 쉬우며 욕심이 많으면서도 돈을 쓸 때는 잘 쓰기도 한다.
- 정재(正財)가 용신(用神)이면 정직하고 성실하며 조심성이 있다. 많으면 게으르고 결단심이 없으며 수전노가 되기 쉽다.
- 편관(偏官)이 용신(用神)이면 총명하고 과단성이 있으나 권세를 믿고 타인을 능가하기를 좋아한다. 많으면 타인에게 의존함이 있다.
- 정관(正官)이 용신(用神)이면 온후독실하고 정직하여 매사에 자신이 있다. 많으면 의지가 약하다(정관 격은 인자 관대하여 화평함을 좋아하며 풍모도 미려하다).
- 편인(偏印)이 용신(用神)이면 성격이 활발하고 일을 처리함에 있어 종횡무진하며 재능을 발휘한다. 많으면 처음은 근면하나 나중에는 태만하여 성질도 변덕스럽고 매사를 용두사미 격으로 처리한다.
- 인수(印綬)가 용신(用神)이면 총명하고 단정하고 인자하다. 많으면 게으르고 매사에 자기주의가 되기 쉬우며 인색하다.

제6장

운세 통변

1. 세운(歲運)에서 천간(天干) 충(冲)의 통변

- 갑경충(甲庚冲): 직업 및 주거의 변동, 변화 운
- 을신충(乙辛冲): 휴직, 관재구설, 직업적 고통
- 병임충(丙壬冲): 금융사정 악화, 경제적 고통
- 정계충(丁癸冲): 야간 관재구설(밤늦게 구설조심)
- 갑무충(甲戊冲): 좌천, 가정우환(가족 건강주의)
- 기계충(己癸冲): 배우자에게 배신당함, 분서분실
- 경병충(庚丙冲): 비행, 노출, 금전손해
- 신정충(辛丁冲): 손재, 간재구설
- 임무충(壬戊冲): 상쟁, 기소, 교육, 파해
- 을기충(乙己冲): 조직, 붕쇄, 사기 당함

용신(用神)을 세운, 대운에서 충(冲)하면 하는 일이 크게 실패한다.

2. 세운(歲運)에서 천간(天干) 합(合)의 통변

- 갑기합(甲己合): 귀인을 만나고 관운이 발생한다. 단, 갑기합(甲己合) 토(土)가 기신(忌神)이면 길(吉)이 약하다.
- 을경합(乙庚合): 우연히 귀인을 만나고 득영을 한다.
- 병신합(丙辛合): 관재구설(직장에 문제 발생, 휴직)
- 정임합(丁壬合): 남녀 간에 바람이 난다. 정임합목 희신이면 이성으

로 인하여 도움을 받는다.

- 무계합(戊癸合): 친구로부터 피해를 당한다.

3. 천간상연(天干相連)과 지지상연(地支相連)

1) 천간상연

- 삼갑(三甲): 천상에 삼귀를 득하였으니 관직을 뜻하는 사주(四柱), 직업 운이 좋음
- 삼병(三丙): 산모가 출산하면서 사망한 사주(四柱)
- 삼정(三丁): 악한 일이 많고 수족을 상하는 사주(四柱)
- 삼무(三戊): 고향을 떠나 객지에서 살 사주(四柱)
- 삼기(三己): 부모 형제와 같이 살지 못하는 사주(四柱)
- 삼경(三庚): 부자로 사는 사주(四柱)
- 양신(兩辛)과 양임(兩壬): 일주와 상운하면 서자나 외방에 자식을 두는 사주(四柱)
- 삼임(三壬): 부귀가 장구한 사주(四柱)
- 삼계(三癸): 지지에 해자가 있으면 화에 재난을 당하기 쉬우니 항상 화재를 조심해야 하는 사주(四柱)

2) 지지상연

- 삼자(三子): 재혼하는 사주(四柱)
- 삼축(三丑): 네 번 장가들어야 하는 사주(四柱)
- 삼인(三寅): 경제적으로는 윤택하지만 고독(孤獨)한 사주(四柱)
- 삼묘(三卯): 단명(短命)하거나 흉(凶)한 사주(四柱)
- 삼진(三辰): 귀하게 되지만 처(妻)를 극(剋)하는 사주(四柱)
- 삼사(三巳): 자손(子孫)을 중간에 실패하는 사주(四柱)
- 삼오(三午): 처를 극(剋)하는 사주(四柱)
- 삼미(三未): 남여 공방하는 사주(四柱)
- 삼신(三申): 남여 무능(無能)한 사주(四柱)
- 삼유(三酉): 혈인 공방하는 사주(四柱)
- 삼해(三亥): 고독, 흥망성쇠의 파란이 많은 사주(四柱)

4. 천상삼기(天上三奇)

갑무경(甲戊庚), 을병정(乙丙丁), 임계신(壬癸辛)

이상의 세 기(奇)가 일간(日干)을 포함해서 있으면 영웅수재격이다. 사주(四柱)에 술해(戌亥)나 천을귀인(天乙貴人)이 있으면 더욱 좋으며 특히 머리가 좋다. 사주(四柱)에 장성(將星)이 같이 있으면 관운(官運)이 대길(大吉)하다.

사주명리학의 모든 것

5. 천적일(天跡日)

춘(春)-무인일(戊寅日)

하(夏)-갑오일(甲午日)

추(秋)-무신일(戊申日)

동(冬)-갑자일(甲子日)

이상과 같은 사주(四柱)는 흉액을 만나도 전화위복이 된다.

6. 신진사주(神進四柱)

갑자(甲子), 갑오(甲午), 정축(丁丑), 기유(己酉), 기묘(己卯), 경신(庚申)

이상의 신진사주는 머리가 좋다.

사주로 보는 직업 선택

1. 사주로 직업을 선택하는 방법

- 비견(比肩): 비견(比肩)이 많으면 독립적 사업이 적합하며 변호사, 의사, 기자 등 자유업에 종사하거나 특수한 기술을 습득하여 기사로서 취직하는 것도 무방하다.
- 겁재(劫財): 대체로 비견(比肩)과 같으나 특히 공동사업은 불리하며 큰 실패를 가져온다.
- 식신(食神): 교육계 및 학계에 적합하며 일반적인 봉급생활도 무방하다.
- 상관(傷官): 교사나 학자로서 성공하며 변호사, 흥행가 등 각종 경쟁적 업무에도 양호하다. 사주(四柱)에 재성(財星)이 있으면 사업에도 큰 성공을 거두며 관살(官殺)이 있으면 편업(偏業)에 종사한다.
- 편재(偏財): 일반적으로 상업에 적합하나 출입이 빈번한 청부업, 중개업, 금융업 등이 좋으며 무역회사 사원도 양호하다.
- 정재(正財): 상업 및 공업에 적합하나 투기성 있는 업무는 금물이다. 재관(財官)이 왕성하고 일주(日柱)가 약할 때는 은행계에 종사하게 된다. 반대로 재성(財星)이 약하고 일주(日柱)가 강하면 공업 계통에 종사하는 것이 좋다.
- 편관(偏官): 상업으로는 청부업, 조선업, 건축업 등에 적합하며 일반적으로 복잡한 대인관계를 해야 하는 직업에 능숙하다.
- 정관(正官): 성실성과 정직을 요하는 모든 직업에서 성공할 수 있다. 그러나 사주(四柱)에 정관이 너무 많으면 기술계통 또는 학계에 종사한다.

- 편인(偏印): 의사, 평론가, 기사, 운명가 등 편업에 적합하며 비생산적인 사업도 무방하다. 특히 약사나 이발사가 많다.
- 인수(印綬): 지식을 이용한 직업뿐만 아니라 생산적 업무에도 양호하다.

2. 사법관(司法官) 사주(四柱)

- 사주(四柱) 중에 삼형이 있고 격국이 순수하고 청기가 있는 사주(四柱).
- 재관(財官) 및 식상이 왕성하고 월지(月支)에 왕인이 해당하는 사주(四柱).
- 편관(偏官)이 재성(財星)에 의하여 생조되어 왕성한 사주(四柱).

제8장

사주로 보는 미래

1. 사주(四柱)로 보는 처 덕

1) 처 덕이 있는 사주(四柱)

- 재성(財星)이 용신(用神) 또는 희신(喜神)에 해당하면 처 덕이 있다. 또한 일지에 길신이 있으면 처 덕이 있고 만약 기신(忌神)이면 처덕이 없다. 재성(財星)과 길신이 상주되지 아니해도 처 덕이 있고 신왕사주에 관성(官星)이 약할 때 재성(財星)이 생관하면 처 덕이 있다. 관성(官星)이 약하고 식상(食傷)이 왕성할 경우 재성(財星)이 중첩한 사중 재성(財星)이 있으면 처가 미인이고 처 덕이 있다. 사주(四柱)에 비겁이 많을 때 지지에 있는 진술축미 등의 육신이 재에 해당되어 있으면 처 덕이 있다.

2) 처 덕이 없는 사주(四柱) ★

- 재성(財星)이 기신(忌神)이나 희신(喜神) 또는 재성(財星)이 파극되면 처 덕이 없고 이별할 수가 있다.
- 신약사주에 재성(財星)이 왕성하고 비겁(比劫)이나 관성(官星)이 없을 경우 또는 재성(財星)이 약한데 비겁(比劫)이 많을 경우, 상처한다.
- 사주(四柱)에 재성(財星)이 없고 비겁(比劫)과 양인이 많으면 이별한다. 양인(陽刃)과 비겁(比劫)이 많고 재성(財星)이 약하면 인수(印綬) 또는 식상(食傷)이 있으며 상처한다.
- 신강하고 재성(財星)이 약한 관살(官殺)을 생조하거나 관살(官殺)이 약

하고 식상(食傷)이 왕성할 때 재성(財星)이 식상(食傷)을 재로 화하게 하
면 처가 미인이다.

2. 사주(四柱)로 보는 자식 덕

1) 자식 덕이 있는 사주(四柱)

- 일간이 왕하고 관살(官殺)이 생왕되면 식상(食傷)에 의하여 파극 또는
  형충 아니하면 자식이 효도한다.
- 화토 상관에 관살(官殺)이 조후를 수요할 때 시에 관살(官殺)이 투출되
  면 자식 덕이 크다.
- 일간이 왕성하고 재성(財星)이 또한 왕성하며 식상(食傷)과 인성이 경
  미하면 자식이 많고 덕이 있다.
- 일간이 쇠약한데 시주에 비겁(比劫)이 있으면 자식이 많다. 시주에 식
  신(食神)이 있고 인수(印綬)가 없으면 자식이 효도한다.
- 관성(官星)이 희신(喜神)에 해당하고 왕성하면 자식이 크게 발달하고
  자식 덕이 많다. 여자(女子)는 식상(食傷)이 자식으로 관계를 살핀다.

2) 자식 덕이 없는 사주(四柱) ★

- 일주가 약한데 재관이 태왕하면 무자하다.
- 관살(官殺)이 없고 식상(食傷)이 기신(忌神)에 해당하거나 식상(食傷)이

인성에 의하여 파극되면 자식 복이 없다.

- 사주(四柱)가 식상(食傷)으로만 되어 있거나, 일간이 태왕한데 상관과 겁재(劫財)가 있으며 관살(官殺)이 공방되면 자식이 없다.
- 사주(四柱)에 관성(官星)이 혼잡하면 자식이 요사하거나 허약하고 불효한다.
- 일주(日柱)가 약하고 식상(食傷)이 약한데 편관(偏官)이 중하고 비겁(比劫)이 있으면 아들은 적고 딸이 많다.
- 남자(男子)는 관성(官星)이 기신(忌神)이면 자식 덕이 없고, 여자(女子)는 식상(食傷)이 많거나 기신(忌神)이면 자식 덕이 없다.

3. 사주(四柱)로 보는 부모 덕

1) 부모 덕이 있는 사주(四柱)

- 년(年)과 월주(月柱)를 봤을 때 인수(印綬)가 사주(四柱)상 어떠한 역할을 하고 있는가를 살피고 대운과 세운의 길흉을 종합해서 판단한다.
- 정관(正官), 재성(財星), 인수(印綬) 등이 년과 월주(月柱)에 있고 이것이 길신이며 대운, 세운이 좋으면 부모 덕이 있다.
- 인수(印綬)가 투출되어 일간(日干)을 생조하면 부모 덕이 있고 신약에 일주가 년월에 통근하면 부모 덕이 있다.
- 신왕에 년월이 희신(喜神), 용신(用神)이면 부모 덕이 있다.
- 년(年)과 월주(月柱)에 인수(印綬)와 관살(官殺)이 상생하고 일시에 상관

(傷官)과 재성(財星)이 없으면 부모 덕이 있다. 연주(年柱)에 재성(財星)과 인수(印綬)가 있고 시주(時柱)에 관살(官殺)이 있을 때 인수(印綬)가 길신 이면 부친이 자수성가한 사람이다.

2) 부모 덕이 없는 사주(四柱) ★

- 사주(四柱)에 인수(印綬)가 약하고 재가 강하거나 인수(印綬)가 용신(用神)과 상충되거나 월지(月支)에 인수(印綬)가 형충되면 부모 덕이 없다.
- 사주(四柱)에 인수(印綬)가 없고 월지(月支)에 기신(忌神)이 있으며 초년 대운에 기신(忌神)을 만나면 조실부모하거나 부모 덕이 없다.
- 신약에 다인수가 많거나 관살(官殺)이 많으면 부모 덕이 없다.
- 연월주(年月柱)에 기신(忌神)이 있고 초년대운이 흉하면 부모 덕이 없다.

4. 사주(四柱)로 부모선망(父母先亡)을 아는 법

- 사주(四柱)에 비견(比肩) 겁재(劫財)가 많으면 부선망한다.
- 재성(財星)이 지나치게 많으면 모선망한다.
- 사주(四柱)에 인수(印綬) 또는 편재가 있을 때 이것이 길신 흉신인가 또는 비겁(比劫) 혹은 재성(財星)에 의하여 편재가 극해되어 있으면 부선망, 인수(印綬)가 극해되면 모선망한다.
- 월의 기운이 시간과 상극되면 부선망하고 시지와 상극되면 모선망한다.

5. 부자(富者)의 사주(四柱)

- 재성(財星)이 월지에 득기하고 배합이 유정하여야 한다.
- 재가 용신(用神)이 되고 유정하여야 한다.
- 재성(財星)이 태왕하고 신약이면 원국에 록이 있고 비겁(比劫)이 암장
  되어 유정하게 되고 대운이 신왕하는 비겁(比劫)의 운이면 반드시 부
  자가 된다.
- 신왕 재왕 사주(四柱)는 부자 사주(四柱)다.
- 일주와 인성이 왕성하고 식신(食神)이 경미하면 재성(財星)이 있을 때
  또는 신왕 사주(四柱)에 인성이 중하고 관살(官殺)이 쇠약할 때 월지에
  재성(財星)이 있어서 왕성하면 부자가 된다.
- 재통문호⁴하면 부자는 되어도 귀하지는 못한다.

6. 빈천(貧賤)한 사주(四柱)

- 신약(身弱) 사주(四柱)에 재성(財星)만 중첩되고 식상(食傷)이 경미하거나
  또는 재성(財星)이 경미하고 관살(官殺)만 중첩된 것은 모두 빈천하다.
- 신약(身弱) 사주(四柱)에 식상(食傷)이 중첩하고 인성이 경미하거나 또
  는 비겁(比劫)이 경미하고 재성(財星)만 왕성하면 빈천하다.
- 신약(身弱) 사주(四柱)에 재성(財星)이 희신(喜神)으로서 다른 육신과 합

---

4 신약하고 재성(財星)이 왕하며 관살(官殺)과 인성(印星)이 없고 비겁(比劫)만 있는 것을 말한다.

하여 변하거나 관살(官殺)이 옹성하고 인성이 희신(喜神)에 해당할 때
재성(財星)이 왕성하면 빈천하다.

- 인성이 희신(喜神)일 때 재성(財星)이 파국하거나 신왕이고 인성이 기신
(忌神)이 될 때 관성(官星)이 인성을 생하면 빈천하다.

- 비겁(比劫)이 왕성하고 재성(財星)이 약하며 식상(食傷)이 없으면 빈천하
다. 또는 식상(食傷)이 길신인데 재성(財星)이 경미하고 인성이 왕성하
면 빈천하다.

- 이 외에도 사주(四柱)가 중화되지 아니하거나 용신(用神) 희신(喜神)이
미약하면 또는 사주(四柱)가 무정하거나 대운이 기신(忌神)에 해당되
면 빈천하다.

7. 장수(長壽)할 사주(四柱)

- 사주(四柱)에 오행(五行)이 모두 구비되어 균형을 이루고 충극이 없는
사주(四柱).

- 사주(四柱)에 충구하는 것은 모두 기신(忌神)이고 한신이 합이 되거나
합이 되어 희신(喜神)으로 변한 사주(四柱).

- 신왕(身旺) 사주(四柱)에 관살(官殺)이 약하고 재성(財星)이 있는 것. 또
는 일주가 왕성하나 태과하지 아니한 사주(四柱).

- 대운이 용신(用神) 또는 희신(喜神)과 상극되지 아니한 것 또는 일주가
약할 때 인수(印綬)가 있는 사주(四柱).

- 신왕(身旺) 사주(四柱)에 식상(食傷)이 있어서 수기를 유출시키는 것. 또

는 신왕(身旺)하고 재성(財星)이 약하더라도 신강이 있어서 생재하는 사주(四柱).

- 사주(四柱)가 주류 무채하여 막힘이 없어서 생생 불식하는 사주(四柱).

8. 단명(短命)할 사주(四柱)

- 일주가 왕한데 그 기를 누설시키지 아니한 것. 혹은 일주가 약한데 극을 만난 것.

- 배합이 부정한 것, 채와 용이 상처를 입은 것, 생극을 제합함이 없는 것, 생기가 끊어진 것 등을 기색신고(氣索神枯)된 것이라 하며 이런 경우 대운, 세운이 불길하면 흉사(凶死), 단명(短命)하고 대운, 세운이 길하면 수와 더불어 길함.

- 기신(忌神)이 많아 공격하면 장수하기 힘들다. 특히 희신(熹神), 용신(用神)이 파극을 당한 사주(四柱).

- 일주가 대단히 약하고 생조함이 없는 사주(四柱). 월지와 시지, 년지와 일지가 서로 충한 사주(四柱).

- 용신(用神), 희신(熹神)이 미약하고 기신(忌神)이 왕성하거나 기신(忌神)이 심장되어 있고, 사주에 용신(用神), 희신(熹神)이 합거되어 약해지고 기신(忌神)이 충거되지 않는 사주(四柱).

- 초중년 대운이 용신(用神)과 대단히 상극되거나 신약사주에 식상(食傷)이 많은 것.

- 사주(四柱)가 조후의 관계가 심히 배격된 것.

- 신약사주에 인수용신이 재성(財星)에 의해 파극된 것 또는 신왕을 주
  설시키지 아니한 것으로 외격에 속하지 아니한 것.

9. 천라지망살(天羅地網殺)

술해(戌亥)는 천라진사(天羅辰巳)는 지망살(地網殺)인데 남자(男子)는 천라
(天羅)를 여자(女子)는 지망(地網)을 꺼린다.

천라지망살이 사주(四柱)에 있으면 만사가 되는 일이 없고 인간풍파로
인하여 파란이 많으며 질병을 앓는 수가 많다. 특히 부부 궁이 불길하여
근심이 많다. 약사, 의사, 간호사 등의 의료업이나 역술가 등에 종사하면
길하고 그렇지 않으면 감금, 포로, 납치, 광병이 있어 본다.

사주(四柱) 공부를 한다는 것은 사람의 운명을 판단하는 것일 뿐이다.
운명을 바꿀 수는 없는 것이다. 정확하게 판단하고 어떻게 하는 것이 좋
은가를 보는 것이지 운명이라는 것은 임의대로 고쳐지지도 고칠 수도 없
다는 것. 잊어서는 안 되고 순간순간 닥쳐오는 일을 미리 알아 대비하는
것이다. 비가 오기 전 우산을 준비하는 것과 다르지 않다.

제9장

사주로 궁합과 택일 보는 법

1. 사주(四柱)로 보는 결혼 운

- 남녀 띠로 납음 오행을 먼저 본다.
- 일간(日干)의 상생(相生)을 본다.
  남자의 일지(日支)와 여자(女子)의 일지(日支)를 대조하여 육합(六合), 삼
  합(三合), 방국(方局)을 이루면 대길하고 형(刑), 충(冲), 파(破), 해(害)하면
  불길하다.
- 각자의 사주(四柱)에 부족한 오행을 상대방이 가지고 있는가를 본다.

 납음 오행에서 서로 상생(相生)이 되면 길(吉)하고 극이 되면 불길(不吉)
하다. 단, 극이 되어도 좋은 것이 있는데 아래에 있는 노방 토(土), 사중
토(土), 대역 토(土), 천상 화(火), 산하 화(火), 벽력 화(火), 검봉 금(金), 사
중 금(金), 천하 수(水), 대해 수(水), 평지일수 목(木) 등은 극을 받아야 자
극에 발전한다.

2. 남자 결혼 운 보는 법

凶分	哭	死	福	有	祭	亡	錢	食
父親 나이	10 50		20 60		30 70		40 80	

남자 결혼하는 해의 아버지 나이를 따져서 복(福), 전(錢), 식(食)에 해당하면 길하고 유(有), 제(祭)는 평범하며 곡(哭), 사(死), 망(亡)에 해당하면 며느리를 맞아들이는 운이 흉하다.

단, 아버지가 안계시면 무방하다.

아버지 나이가 58세라면 50에서 시작하여 사가 51, 복이 52, 유가 53, 제가 54, 망이 55, 전이 56, 식이 57, 곡에 58이 해당하니 며느리 맞아들이는 운이 안 좋다. 그러므로 결혼할 수 없다.

3. 여자 결혼 운 보는 법

결혼월 여자띠	大吉	仲媒殺	翁故殺	親破殺	主婦 空房,	男便 空房
子午	六月, 十二	一, 七,	二, 八	三, 九	四, 十	五, 十一
丑未	五, 十一	四,十,	三, 九	二, 八	一, 七	六, 十二
寅申	二, 八	三,九	四, 十	五, 十一	六, 十二	一, 七
卯酉	一, 七	六, 十二	五, 十一	四, 十	三, 九	二, 八
辰戌	四, 十	五, 十一	六, 十二	一, 七	二, 八	三, 九
巳亥	三, 九	二, 八	一, 七	六, 十二	五, 十一	四, 十

결혼 운은 여자를 우선으로 본다. 남자는 위처럼 부친의 나이를 보지만 여자는 먼저 '개폐법'을 참고하고 월별 길흉을 본다.

합혼개폐법(合婚開閉法)

閉開	半開	大開		閉開	半開	大開		閉開	半開	大開	
			辰				寅				子
17	16	15	戌	18	17	16	申	19	18	17	午
20	19	18	丑	21	20	19	巳	22	21	20	卯
23	22	21	未	24	23	22	亥	25	24	23	酉
26	25	24	生	27	26	25	生	28	27	26	生
29	28	27		30	29	28		31	30	29	
32	31	30		33	32	31		34	33	32	
35	34	33		36	35	34		37	36	35	
38	37	36		39	38	37		40	39	38	

결혼에 길한 달은 대길에 해당하는 월이다. 중매쟁이가 있을 때는 중매쟁이에게 불길, 시고 살에 해당하면 시댁에 불길, 친파살(親破殺)은 친정에 불길한 살이다. 주부 공방살은 주부가 빈방을 지키는 일이 발생한다는 살이며, 남편 공방살 또한 남편이 빈방을 지키는 일이 발생한다는 살이니 가능하면 이런 달은 피한다.

노방토(路傍土)
사중토(沙中土)
대역토(大逆土)

천상화(天上火)

산하화(山下火)

벽력화(霹靂火)

검봉금(劍鋒金)

사중금(砂中金)

천하수(天河水)

대해수(大海水)

평지일수목(平地一手木)

이상은 극(剋)을 기뻐하는 오행이나 자신의 일간이 신약일 때는 피한다. 무리하면 항상 곤고하다.

4. 두미법 궁합(頭尾法宮合)

생년 띠만으로 궁합 보는 법

- 두(頭): 축(丑), 진(辰), 사(巳), 오(午), 신(申), 술(戌)
- 미(尾): 자(子), 인(寅), 묘(卯), 미(未), 유(酉), 해(亥)

결과

남두여미(男頭女尾)는 화합

남두여두(男頭女頭)는 평화

여두남미(女頭男尾)는 불화

남미여미(男尾女尾)는 순합

5. 십이지지로 보는 궁합법

子, 午, 卯, 酉 → 2

寅, 申, 巳, 亥 → 3

辰, 戌, 丑, 未 → 4

8, 전(田) - 사방에 땅이 늘어 부자 궁

9, 동(同) - 맞벌이 부부

10, 문(文) - 바늘과 실. 길(吉)한 궁합

11, 패(敗) - 말썽, 이별 궁

12, 부(負) - 무해, 무덕

13, 부(富) - 부자 궁극과 국 이별 궁

14, 용(容) - 안주장 궁합

15, 풍(豊) - 풍년 궁합

16, 파(破) - 깨지는 궁합

예시

남자: 말띠 2월생 / 여자: 범띠 7월생

- 남자

　　말띠, 오(午) → 2

　　2월생 묘(卯) → 2

- 여자

　　범띠, 인(寅) → 3

　　7월생 신(申) → 3

남자 띠와 월의 숫자와 여자 띠와 월의 숫자를 합하면 10이 된다. 10은 문(文)에 해당 되며 바늘과 실로써 길한 궁합이다. 남녀 띠 월의 숫자를 합한 수가 10이 되는 것이다.

위의 방법 외에도 여러 궁합법이 있지만 이것만 가지고도 충분하며 50% 정도 길하면 결혼하여도 무방하다고 판단한다.

6. 사주(四柱)로 하는 택일법(擇日法)

어떠한 부분을 막론하고 택일에 있어 생기 복덕을 맞추어 길한 일진을 가린 뒤에 다음 열거한 각 일과 흉일을 분별하여 택일한다.

생기 복덕일은 택일에 기본이 되며 남녀 연령에 따라 다르므로 생기 복덕표를 참고하기 바란다.

1) 사길일(四吉日)과 혼사백길일(婚姻白事吉日)

봄(春): 무인일(戊寅日)

여름(夏): 갑오일(甲午日)

가을(秋): 무신일(戊申日)

겨울(冬): 갑자일(甲子日)

2) 십악(十惡) 대패일(大敗日)(백사흉)

- 갑기년(甲己年): 3월에 무술일(戊戌日), 7월에 계해일(癸亥日), 10월에 병신일(丙申日), 11월에 해일(亥日).
- 을경년(乙庚年): 4월에 임신일(壬申日), 9월에 을사일(乙巳日).
- 병신년(丙辛年): 3월에 신사일, 9월에 경진일(庚辰日).
- 정임년(丁壬年): 무기(無忌), 나쁜 날이 없다.
- 무계년(戊癸年): 6월에 축일(丑日).

3) 남혼(男婚) 흉년(凶年)

남자가 결혼하기 불길한 해.

남자 생년	남혼 흉년
子生男	未年
卯生男	戌年
午生男	丑年
酉生男	辰年
丑生男	申年
辰生男	亥年
未生男	寅年

戌生男	巳年
寅生男	酉年
巳生男	子年
申生男	卯年
亥生男	午年

4) 여혼(女婚) 흉년(凶年)

여자가 결혼하기 불길한 해.

여자 생년	여혼 흉년
子生女	卯年
卯生女	子年
午生女	酉年
酉生女	午年
丑生女	寅年
辰生女	亥年
未生女	申年
戌生女	巳年
寅生女	丑年
巳生女	戌年
申生女	未年
亥生女	辰年

5) 제사(天下) 불길일(滅亡日)

제사하기 불길한 날.

월	일
三五九月	丑日
二六十月	辰日
三七十一月	未日
四八十二月	戌日

★ 인일(寅日)에 제사지내지 못하고 해일(亥日)에 결혼을 하지 못한다.

이상과 같이 대략 택일에 대하여 길흉(吉凶)일을 기록했다. 부분에 따라 그해의 책력에 그날의 제반 길흉(吉凶)이 소개 되어 있으니 참고하기 바란다.

7. 이사 방위 보는 법

이사 방위는 남녀가 매해마다 다르므로 조견표를 꼭 살펴야 하는데 생기복덕표와 이사방위 보는 법은 매년 나오는 책력을 보면 자세하게 나와 있다.

'생기, 천의, 절체, 유혼, 화해, 복덕, 절명, 귀혼' 일진을 살피는 것이다.

이중 생기와 천의 복덕은 길하고, 절체, 유혼, 귀혼은 반길, 화해와 절명은 대흉일이다. 방위는 동서남북 방향으로 길흉을 보는 것인데 이것도 책력에 나와 있으며(1천록, 2안손, 3식신, 4증파, 5오귀, 6합식, 7진귀, 8관인, 9퇴식), 이사하는 해 나이를 짚어서 닿는 곳에서부터 1천록(一天祿), 2안손(二眼損), 3식신(三食神), 4징파(四徵破), 5오귀(五五鬼), 6합식(六合食), 7진귀(七進鬼), 8관인(八官印), 9퇴식(九退食) 순으로 따져 보는데, 이것은 동서남북을 놓고 보아야 한다.

동남		南午		서남
東卯		中央		西酉
동북		北子		서북

아래 순서대로 돌아가는 것이니 참고 바란다.

4징파	9퇴식	2안손
3식신	5오귀	7진귀
8관인	1천록	6합식

책력을 보지 않고 방위를 짚는 수가 있는데 이때 시작점을 잘 기억해야 한다. 남자는 3식신에서 나이를 세서 거꾸로 가는데 3식신이 1살이면 2안손 방이2살, 1천록 방이3살, 9퇴식 방이4살, 8관인 방이5살, 7진귀 방

이6살, 6합식 방이7살, 5오귀 방이8살, 4징파 방이9살, 3식신 방이10살이 되는데 이때 나이가 많은 사람은 한 간을 10으로 센다.

예를 들면 35살 남자라면 식신이 10 안손이 20 천록이 30 그리고 다음 퇴식이 31 관인이 32 진귀가 33 합식이 34 오귀가 35 중앙 오귀에 세수가 닿는다. 그럼 여기서부터는 거꾸로가 아닌 바로 세어 나가는데 오귀 방에 1천록 방이 되고 다음 자리 6합식 자리가 2안손 방이 되며 7진귀 자리가 3식신 방이 되며 8관인 자리가 4징파 방이 된다.

이렇게 나이는 거꾸로 세어 가고 방위는 바른 순서대로 짚어 가면 이사방위를 볼 수 있는데 남자는 '묘동방'에서 시작하여 거꾸로 가고 여자는 '동남방'에서 시작하여 거꾸로 가는 것이다.

여자나이 56세 이사방위를 본다면 동남쪽 징파 방에서부터 거꾸로 징파10 식신20 안손30 천록40 퇴식50 관인51 진귀52 합식53 오귀54 징파55 식신56에 해당한다. 그다음 56식신에서부터 바로 가기로 하면 3식신이 1천록, 4징파가 2안손, 5오귀가 3식신, 6합식이 4징파, 7진귀가 5오귀, 8관인이 6합식, 9퇴식이 7진귀, 1천록이 8관인, 2안손이 9퇴식에 해당된다.

이것은 변하지 않는 법칙이다. 다만 나이가 해마다 변하므로 방위는 해마다 다르다.

이사에 길한 방위는 아래에서 살핀다.

- 천록방(天祿方): 재물(財物)과 관록(官祿)이 이름. → ○
- 안손방(眼損方): 손재(損財)와 안질병(眼疾病)이 생김. → ×
- 식신방(食神方): 치부(致富)와 의식(衣食)이 풍족함. → ○
- 장파방(徵破方): 손재(損財)와 사업에 실패하여 빈궁해짐. → ×
- 오귀방(五鬼方): 재앙(災殃)과 질병(疾病)이 발생함. → ×
- 합식방(合食方): 재곡(財穀)이 자연히 이름. → ○
- 진귀방(進鬼方): 질병(疾病)과 우환(憂患)이 사라지지 않음. → ×
- 관인방(官印方): 관인(官人)은 진급(進級)하고 평인(平人)은 득직(得職)함.
  → ○
- 퇴식방(退食方): 재산이 점점 소모됨. → ×

제10장

삼재와 대장군방과 삼살방

1. 삼재팔난(三災八難)

인묘진년(寅卯辰年)	신자진생(申子辰生)
사오미년(巳午未年)	해묘미생(亥卯未生)
신유술년(申酉戌年)	인오술생(寅午戌生)
해자축년(亥子丑年)	사유축생(巳酉丑生)

　이상의 삼재팔난은 누구를 막론하고 십이 년에 한 번 오며 한 번 오면 삼 년을 머문다. 이 살이 들어오면 병고 손재 등의 불상사가 있게 된다. 그러나 사주(四柱) 대운에 따라 길운이면 복 삼재로 전화위복이 된다.

2. 대장군방(大將軍方)과 삼살방(三殺方)

1) 대장군방(大將軍方)

인묘진년(寅卯辰年) → 북방(北方)
사오미년(巳午未年) → 동방(東方)
신유술년(申酉戌年) → 남방(南方)
해자축년(亥子丑年) → 서방(西方)

2) 삼살방(三殺方)

신자진년(申子辰年) → 남방(南方)

해묘미년(亥卯未年) → 서방(西方)

인오술년(寅午戌年) → 북방(北方)

사유축년(巳酉丑年) → 동방(東方)

삼살(三殺)은 대장군(大將軍)보다 더 무서운 것이니 삼살방(三殺方)을 피한다. 대장군(大將軍)은 삼 년을 같은 방위에 있지만 삼살(三殺)은 해마다 역행으로 자리를 바꾸며 도는 흉운이다.

대장군(大將軍)은 동서남북(東西南北)으로 돌지만 삼살(三殺)은 동북서남(東北西南)으로 역행하며 매년 돈다.

3. 손 있는 날 보는 법

- 11, 21: 동방(東方)에 손이 있다.
- 12, 22: 동남방(東南方)에 손이 있다.
- 13, 23: 남방(南方)에 손이 있다.
- 14, 24: 서남방(西南方)에 손이 있다.
- 15, 25: 서방(西方)에 손이 있다.
- 16, 26: 서북간(西北間)에 손이 있다.
- 17, 27: 북방(北方)에 손이 있다.

- 18, 28: 동북간(東北間)에 손이 있다.
- 19, 29, 10, 20, 30: 손 없는 날로 팔방(八方)이 다 길(吉)하다.

이상의 손은 이사하는 날과 출행하는 날을 가리는 것으로 택일할 때 이 방향을 살피면 된다.

부록

성명학(姓名學)

　성명학5이란 후천 운으로 만들어지는 운이며 타고난 사주팔자는 선천 운이다. 선천 운은 고칠 수도 바꿀 수도 없지만 이름 석자는 선천 운을 보호하는 것으로서 신중하게 다루어야 하겠다.

　타고난 사주팔자는 다시 태어나기 전에는 바꿀 수도 없는 것이지만 이름 석자는 얼마든지 바꾸어 사용할 수도 있으며 이름이 하는 역할도 알아야 하겠기에 성명학이라는 말이 있는 것이다. 그래서 시중에 성명학 책이 많이 나와 있는 것을 볼 수 있다.

　이름이란 나를 담고 있는 그릇이라 할 수 있다. 그릇이 어떠냐에 따라 내가 빛을 내거나 인정을 받을 수도 있고, 힘들게 살아갈 수도 있다.

　예를 들어 값이 비싼 도자기나 그에 버금가는 그릇에 보잘것없는 조약돌이 들어 있다고 가정하자. 사람들은 내용물보다 그릇을 보고 값을 정할 것이다. 그러다 보면 조약돌도 더불어 대단한 물건이라고 취급을 할 것이다. 반대로 값진 다이아몬드나 그에 상응하는 보석을 보잘것없는 질

---

5 이 책의 '부록 성명학(姓名學)' 내용은 『추명학과 성명학』(성공도 편저)에서 인용하였다.

그릇에 담아 놓고 그 가치를 따진다고 가정하자. 질그릇에 담긴 보석은 당연히 질그릇 값으로 떨어질 것이다. 이와 같이 이름이란 한 사람의 가치를 인정받게 할 수도 있고 나락으로 떨어지게 할 수도 있다는 것이다.

그런다고 무작정 좋은 이름만 선호해서도 안 된다. 정확하게 말하면 자신에게 맞는 그런 이름이라야 하는 것이다. 아무리 화려하고 좋은 옷이라도 그 몸에 맞지 않으면 남의 옷을 빌려 입은 것과 같다. 이는 더 꼴불견이 될 것이다.

사주팔자는 몸이며 이름은 그 몸을 담고 있는 그릇이자 나를 감싸고 있는 옷이라고도 할 수 있다. 의복이 날개라는 말이 있듯이 어떤 옷을 입었느냐에 따라 그 사람에 인품과 기품이 달라 보이기에 옷이 날개라는 말이 있다. 크지도 작지도 않게 자신의 몸에 딱 맞는 옷이라야 맞춤 옷이라고 할 수 있으며 몸의 사이즈를 알아야 옷을 지을 수 있듯이 사주팔자에서 필요한 것을 찾아내는 것이 우선이다. 사주에서 부족한 점을 이름으로 보충할 수 있는 것이다. 해서 간단하게 성명학의 기본을 나열한다.

★ 성은 조상, 이름 상자는 나 자신, 이름 아래하자는 손아래와 주변 사람이다. 아래위에서 가운데 나를 서로 상생하면 좋은 이름이라고 할 수 있다.

★ 성명학에 음양오행과 수리오행이라는 것이 있다.
음(陰) → 2, 4, 6, 8, 0, -
양(陽) → 1, 3, 5, 7, 9, +

★ 수리(數理) 오행(五行)

1, 2 → 목(木)

3, 4 → 화(火)

5, 6 → 토(土)

7, 8 → 금(金)

9, 0 → 수(水)

★ 음(音) 오행(五行)

가, 카 → 木

나, 다, 라, 타 → 火

아, 하 → 土

사, 자, 차 → 金

마, 바, 파 → 水

즉,

ㄱ, ㅋ → 木

ㄴ, ㄷ, ㄹ, ㅌ → 火

ㅇ, ㅎ → 土

ㅅ, ㅈ, ㅊ → 金

ㅁ, ㅂ, ㅍ → 水

사주명리학의 모든 것

작명의 원칙

- 사주에 적합한 글자, 즉 용신을 기준으로 하여야 한다.
- 읽기 쉬워야 한다.
- 부르기 쉬워야 한다.
- 듣기 좋아야 한다.
- 쓰기 쉬워야 한다.
- 외우기 쉬워야 한다.
- 친근감이 있어야 한다.
- 새로운 느낌이 들어야 한다.

예를 들어 이 이름은 음(音) 오행(五行)으로는

성(成)은 김(金) 삼(三)도 김(金) 문(問)은 수(水)에 해당된다.

음 오행으로 金金水이나 숫자에서 전부 '홀수+양(陽)'이라 글자가 좋은 뜻을 가지고 있어도 제 기능을 다 발휘하지 못하고 단명하기까지 하는 이름이다.

	음	수리			
				貞格= 21획 말년 운이자 일생 전체를 보는 곳	
成	7획 陽	金	金	移格= 18획 사회 운	
三	3획 陽	金	水	形格= 10획 가정 운	
問	11획 陽	水	火	元格= 14획 초년 운	

11+3=14 원격, 3+7=10 형격, 11+7=18 이격, 11+3+7=21 정격

음 오행에서는 金金水, 수리 오행에서는 金水火

수리 오행은 성 7획은 금, 성과 이름 상지 합한 숫자 10은 수 이름 상
하를 합한 수 14획에서 앞의 십자는 떼어내고 4는 화(火)이므로 수리 오
행은 金水火가 된다.

원, 형, 이, 정. 이 이름은 분명 획수가 모두 홀수이므로 양이며 기본이
갖춰지지 않았다. 이렇게 기본이 갖춰지지 않으면 안 된다는 것이며 수
리 오행에서 우선 '홀수+양(陽)'으로만 이루어졌으니 글자에 뜻이 통할 수
가 없는 것이다. 기본이 갖춰지지 않은 이름이라 사용에 불길하다.

외자 이름의 경우를 보면

	음	수리	貞格=19획	말년운세
李	7획	土 金	移格= 7획	사회 활동 운
			形格=19획	가정 운
勝	12획	金 水	元格=12획	초년 운

12획=원격, 12+7=19형격, 7획=이격, 19획=정격

음 오행=土金,　수리 오행=金水

이 또한 외자 이름이지만 수리 오행 성 李자 7획이니 金 이름자와 성
자 합한 수가 19이니 십은 떼어 내고 9자만 사용하니 水가 된 것이다.

위 이름은 외자로서 음양(陰陽)은 갖춰졌으나 숫자가 19획으로 불길한
숫자라 하겠다. 원격 초년 운에 12수가 박약을 초래하는 불길한 수이니
어려서 병약하고 형격19수가 병약 운으로 가정운이 좋지 않아서 가정운
도 불운하고 건강도 허약하여 고난을 겪어야 하며 총수 또한 19 정격 병

악 운으로 고생만 하다 단명할 이름이다.

이와 같이 이름으로 원형이정과 음 오행, 숫자 오행이 맞는 것인지, 숫자가 나쁜 것에 들지 않았는지 살펴봐야 한다.

원격=초년 운, 형격=가정 운, 이격=사회 운, 정격=말년 운과 전체 운을 본다.

또한 사주에서 대운을 보듯이 이름에서도 대운을 본다. 이름의 총 획수가 23이면 이 둘을 합한 수 5세를 대운 시작으로 본다. 여기에서는 대운세수를 9로 하여 9년 주기로 변하는 것으로 본다.

'5+9=14+9=23+9=32+9=41+9=50+9=59'가 되며 이름 가운데 글자가 홀수이면(14살부터 9년, 32살부터 9년, 50살부터 9년) 숫자가 짝수이니 좋은 운이라 한다. 가운데 숫자가 짝수이면 홀수가 닿는 숫자, 가운데 글자획수가 홀수이면 짝수가 닿는 숫자(5, 23, 41, 59)가 좋은 대운이라 하겠다. 그리고 음양이 갖춰지지 않은 것은 아래와 같이 표시한다.

이렇게 이름에도 당사자에게 주어지는 운이 있는데 좋은 대운이 세 번 이상 들어온다. 옛날 말에 사람에게 일생에 세 번의 기회가 있다고들 하는데 이것을 비교해 봐도 알 수 있다. 또한 한글 이름도 마찬가지로 획수를 보고 음 오행은 한자나 한글이나 같은 소리가 나기 때문에 음 오행은 한글로 따진다.

1.

●	●	●
○	○	○

→ 전부가 음이거나 양이 된 것은 안 된다. (×)

2.

●	○	●
○	●	●

→ 음이 둘이고 양이 하나가 되어도 된다. (O)

3.

○	○	●
●	○	○

→ 양이 둘이고 음이 하나여도 된다. (O)

위의 1과 같이 음양이 불교하면 부부생사이별, 무자, 불구, 고질, 자살, 피살 단명, 살상 등의 암시가 있기에 꼭 피하여야 한다.

★ 파자(破字)라는 것이 있는데 이것은 글자 가운데가 갈라진 것을 말한다. 성과 이름자가 전부 갈라진 것을 파자라고 한다. 깨트릴 파(破)로, '깨다'라는 뜻이 되니 이는 사람의 몸을 반을 갈라 놓은 격이라 하여 안 된다고 한다.

예시

임병석(林炳錫)=살인범(殺人犯) (동아일보)

박복순(朴福順)=간첩(間諜) (동아일보)

정분례(鄭扮禮)=피살(被殺) (조선일보)

정숙희(鄭淑嬉)=참사(慘事) (조선일보)

설진근(薛鑛根)=실종(失踪) (동아일보)

박명순(朴明順)=자살(自殺) (중앙일보)

곽영수(郭泳洙)=단명(短命) (경향신문)

이와 같이 이름자 가운데가 다 갈라진 것을 파자라고 한다.

숫자의 영력(靈力)과 암시(暗示)

1 ○기본	2 ×분리	3 ○성형	4 ×불행	5 ○정성	6 ○계성	7 ○독립
8 ○개물	9 ×궁백	10 ×공허	11 ○신빙	12 ×박약	13 ○지모	14 ×이산
15 ○풍성	16 ○덕망	17 ○건창	18 ○발전	19 ×고난	20 ×허망	21 두령◎
22 ×중절	23 공명◎	24 ○입신	25 ○안전	26 ×시비격	27 ×중단	28 ×파란
29 ×성공	30 ×부몽	31 ○융창	32 ○요행	33 승천◎	34 ×파명	35 ×평범
36 ×골육	37 ×인덕	38 ○복록	39 ○안락	40 ×무상	41 대공◎	42 ×고행
43 ×미움	44 ×옴파	45 ○대지	46 ×불지	47 ○출세	48 ○유덕	49 ×은퇴

21, 23, 33, 41, ◎. 이 숫자가 여자에 이름에 들어가면 독신생활을 하여야 출세할 수 있는 숫자이니 여자에게는 불리하다 보겠다.

여기에 더하여 어감도 봐야 되겠다. 요즈음 이름들을 보면 참말로 이상한 것들을 이름으로 생각없이 지어서 사용한다. 그러나 어감이란 부르는 소리를 말함이며 부르는 소리에 따라 운명도 변할 수 있는 것이니 부르는 소리에 신중해야 한다.

예시

- 주기자(朱基子): 남편을 또는 사람을 주기자라는 뜻이 되어 흉하다.

- 주길수(朱吉洙): 무엇이든 죽일 수 있다는 어감이 되어 흉하다.
- 고만두(高萬斗): 자의는 좋으나 어감이 고만두라는 것이 되어 흉하다.
- 김치국(金致國): '김치 국물'과 같은 뜻이 되어 흉하다.
- 조진배(趙鎭倍): '부서진 배'의 뜻이 되어 흉하다.

어감이 좋지 않은 성명의 예는 많지만 생략하고 이런 작명은 피해야 한다.

그래서 개명을 하여 운세가 달라지는 경우가 종종 있다.

개명(改名)의 효력(效力)

- 병약자가 건강한 신체로 변한다.
- 불우자가 행복해진다.
- 배우양연과 호직을 득한다.
- 가정의 풍파가 없어지고 부부가 다정하여진다.
- 불효자가 변하여 효도한다.
- 자손이 없는 자가 생자한다.
- 사업이 순성하고 가문이 융창하다.
- 빈곤과 단명자가 부귀공명, 장수한다.
- 번민이 사라지고 심신이 쾌락하여진다.
- 액화를 피하고 행운이 온다.

이상(以上)의 성명학은 간단하게 참고하고 더 깊이 알고 싶은 사람은 성명학 책을 구입하거나 전문가의 조언을 얻어 개명 및 작명을 하기 바란다.

사주팔자는 몸이요, 이름은 내 몸을 담고 있는 그릇이라면 내 몸을 담고 있는 그릇이 어떠한 역할을 할지 생각해볼 문제가 아닐 수 없다.

그러니 타고난 팔자를 잘 풀어서 이름을 잘 지어 부르면 살아가는 데 큰 도움이 될 것이라고 본다.